FICHA CATALOGRÁFICA
(Preparada na Editora)
Novelino, Corina, 1912-1980

N82g   A Grande Espera / Corina Novelino, Espírito de Eurípedes Barsanulfo. Notas de Hércio Marcos Cintra Arantes. Araras, SP, 11ª edição, IDE, 2008.
288 p.
ISBN 85-7341-308-5

1. Romance 2. Essênios 3. Vida de Jesus 4. Palestina - História 5. Espiritismo 6. Mediunidade - Psicografia I. Barsanulfo, Eurípedes II. Arantes, Hércio Marcos Cintra, 1937-   III. Título.

CDD - 869.935
- 296.81
- 232.95
- 933
- 133.9
- 133.91

Índices para catálogo sistemático:
1. Romance: Século 20: Literatura brasileira 869.935
2. Essênios (Seitas judaicas): Antiguidade 296.81
3. Vida pública de Jesus 232.95
4. Palestina: História antiga 933
5. Espiritismo 133.9
6. Mediunidade: Psicografia: Espiritismo 133.91

A GRANDE ESPERA

ISBN 85-7341-308-5

Copyright © 1991,
Instituto de Difusão Espírita - IDE

11ª edição - outubro/2008
11ª reimpressão - dezembro/2024

Conselho Editorial:
Doralice Scanavini Volk
Wilson Frungilo Júnior

Produção e Coordenação:
Jairo Lorenzeti

Capa:
César França de Oliveira

Diagramação:
Maria Isabel Estéfano Rissi

Notas
Hércio Marcos C. Arantes

Parceiro de distribuição:
Instituto Beneficente Boa Nova
Fone: (17) 3531-4444
www.boanova.net
boanova@boanova.net

INSTITUTO DE DIFUSÃO ESPÍRITA - IDE
Rua Emílio Ferreira, 177 - Centro
CEP 13600-092 - Araras/SP - Brasil
Fones (19) 3543-2400 e 3541-5215
CNPJ 44.220.101/0001-43
Inscrição Estadual 182.010.405.118
www.ideeditora.com.br
editorial@ideeditora.com.br

Todos os direitos reservados. Nenhuma parte desta publicação pode ser reproduzida, armazenada ou transmitida, total ou parcialmente, por quaisquer métodos ou processos, sem autorização do detentor do copyright.

A GRANDE ESPERA

EURÍPEDES BARSANULFO
psicografado por CORINA NOVELINO

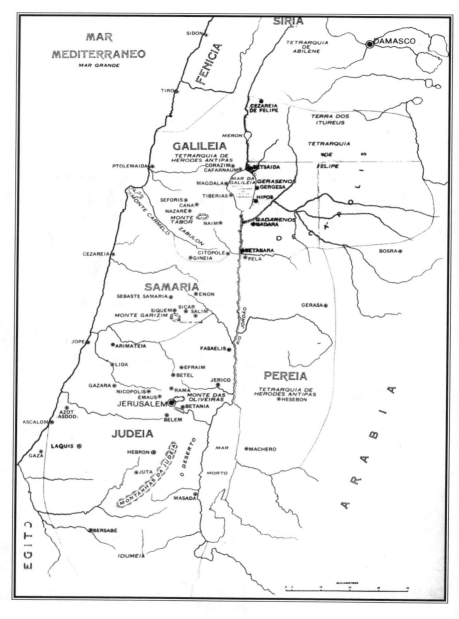

PALESTINA NO TEMPO DE JESUS

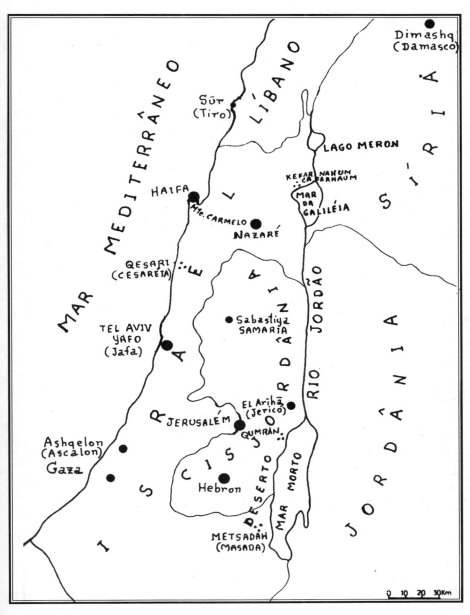

A REGIÃO DA ANTIGA PALESTINA NA ATUALIDADE
(1.990)

Sumário

Palavras Nossas.. 11
1 - Uma família patrícia na Samaria 13
2 - As primeiras sombras 18
3 - Sombras e luzes... 23
4 - Rumos novos 26
5 - A viagem 30
6 - Novas surpresas 36
7 - A grande revelação 41
8 - O ancião do Mar Morto 46
9 - A história de Júlia 51
10 - Inquietações e júbilos 57
11 - Novas esperanças 62
12 - No povoado essênio 67
13 - Carinhosa recepção 73
14 - A palavra de Lisandro 79
15 - Encontro jubiloso 83
16 - O primeiro dia no povoado 88
17 - A grande mensagem 95
18 - Oração matinal 101
19 - A primeira lição de astronomia 105
20 - Em tarefas terapêuticas 113
21 - Lágrimas e sorriso 119
22 - Claridades novas 124
23 - O regresso de Marcos 130
24 - As tarefas novas 134
25 - Espinhos e flores no jardim da esperança .. 138
26 - O primeiro testemunho 142
27 - Imprevistos 147
28 - Lutas abençoadas 150

29 - Divagações na dor 156
30 - Encontro inesperado 160
31 - A caminhada inesquecível 165
32 - Luzes no caminho 169
33 - Corações em prova 172
34 - Eterno dilema 177
35 - Acontecimentos singulares 182
36 - A responsabilidade do amor 187
37 - Novas diretrizes 192
38 - Rotas de luz 198
39 - Planos 202
40 - Esperanças e lágrimas 206
41 - Meditações e certezas novas 211
42 - Em Laquis 217
43 - Oportunidades 223
44 - Problemas e expectativas 230
45 - Os primeiros passos em Jerusalém 235
46 - O Templo 240
47 - Júbilos 246
48 - Visita 251
49 - Surpresas da viagem 256
50 - No Santuário do Carmelo 263
51 - O testemunho supremo 268
   Notas * 282

(*) A numeração colocada à margem esquerda do texto corresponde às notas que aparecem ao final deste volume.

Palavras nossas

Em outubro de 1955, quando iniciamos nosso segundo livro mediúnico, tínhamos ao lado, no Lar de Eurípedes, em Sacramento, MG, extraordinária equipe de sustentação, constituída pelas inesquecíveis Tia Amália e Maria da Cruz, que nos ofereciam reconfortante circuito de implementos propiciadores de singular integração espiritual.

O serviço iniciante produzia em nosso reduzido círculo um clima de paz, de júbilos e de certa curiosidade pelo desenvolvimento do tema, que se nos afigurava como os desenhos delicados de uma obra de lavor valioso, levando-nos a considerar a responsabilidade do trabalho.

Tia Amália – médium clarividente de respeitável bagagem – mostrava-se encabulada por não perceber a Entidade comunicante a não ser pela alva mão sobre o meu braço direito.

Nosso querido Francisco Cândido Xavier, então domiciliado em Pedro Leopoldo, escrevia-nos com frequência, no devotado empenho de conduzir-nos os vacilantes passos de médium incipiente, aos roteiros da disciplina. Até o iluminado Guia Emmanuel, caridosamente, empenhou-se, espontaneamente, através do seu médium, em nosso favor, com orientações incentivadoras.

Dessa forma, dois meses após a recepção do primeiro capítulo do livro, eis que o abençoado médium de Pedro Leopoldo nos remete uma carta, anunciando que Emmanuel lhe comunicara que Eurípedes estava ditando um livro por nosso intermédio.

Ante o inesperado da notícia, pusemo-nos a chorar de alegria, sentindo a responsabilidade do compromisso assumido.

Decorriam os meses. Cada vez nos sentíamos mais empolgadas pelo trabalho. Quando surgiram as primeiras páginas, em que se relacionavam as estruturas sociais e educativas da vida essênia, no sul da Judeia, o assunto era completamente estranho ao pequeno círculo e de tal sorte envolvíamo-nos na projeção mental do Autor Espiritual que as paisagens, os locais, as pessoas, tudo, tornara-se-nos extremamente familiar.

As montanhas, o mar, o povoado essênio apareciam aos olhos de todas nós como elementos já conhecidos.

Tia Amália habituara-se a solicitar-nos, todas as vezes que concluíamos os trabalhos mediúnicos da noite: "Não leia o capítulo, antes que eu descreva os quadros e cenas que me foram mostrados."

As descrições de Tia Amália coincidiam de modo perfeito com as narrativas recebidas por nós.

Francisco Cândido Xavier, após a leitura da primeira parte do livro, afirmou-nos que Eurípedes aparece nestas páginas encarnado num de seus personagens.

A obra foi concluída em 16 de dezembro de 1956. Entrega-mo-la em 1970 à experiência do notável escritor e publicista espírita Wallace Leal Rodrigues, que no-la devolveu em 1974 sem as correções, que lhe solicitamos. Assinalou o ilustre confrade, em carta, que o livro deveria ser divulgado como estava, sem modificações sofisticadoras, capazes de alterar-lhe a singeleza do estilo, vazado em termos didáticos facilmente assimilável a todas as idades, a começar pelas faixas etárias infantojuvenis.

Evidencia Wallace L. Rodrigues que o livro contém *a verdade,* por isso também deve ser publicado.

Desse modo, entregamos A GRANDE ESPERA a você, leitor amigo, esperando em Jesus, venha o livro oferecer modestas sugestões ao seu bom ânimo, na jornada santificante do Bem.

Sacramento, janeiro de 1977.

Corina Novelino

CAPÍTULO 1

Uma família patrícia na Samaria

Aos poucos, Sebaste tornara-se o centro de atração dos estrangeiros radicados no sul, norte e no centro da Palestina, em razão das excelentes condições de segurança criadas por Herodes, o Grande, que a dotou de imponentes edifícios e de extensas muralhas, tornando-a uma das maiores cidades do mundo.

A reconstrução da cidade destruída por Hircano valera grande fama ao Tetrarca, que já havia construído a fortaleza Antônia, perto do Templo de Jerusalém.

Além de construir um castelo em Gabara e outro na Pereia fez levantar outro forte no local denominado Campo.

Todo o poderio do rei buscava uma meta central: proporcionar as possíveis medidas de segurança para suas províncias a fim de evitar quaisquer movimentos de rebeldia popular.

Sebaste nova era bem o espelho desse pensamento dominante do governo de Herodes, que aumentou o perímetro da cidade, fortificou-a com muralhas e ergueu a majestosa Torre de Estratão. No centro construiu espaçosa praça, onde levantou um templo soberbo.

A antiga Samaria revestira-se de opulência no brilho de seus mármores, graças ao caráter de força e beleza que o rei lhe imprimira, de vez que Herodes a considerava como monumento da grandeza e da magnificência a alimentar suas ambiciosas pretensões, no obsessivo desiderato de imortalizar seu nome, através dos séculos.

Desse modo, Sebaste robusteceu-se com bem organizado contingente de tropas estrangeiras e das províncias vizinhas.

A habilidade do soberano levara-o a dividir as férteis terras da vizinhança com os habitantes de Sebaste a fim de povoá-la rapidamente.

Situada numa colina, a cidade oferecia opulentos quadros panorâmicos, aliados à excelência do clima.

Tantas razões levaram Copônio, alto mandatário romano na Judeia, a eleger Sebaste como domicílio ideal para seus filhos de oito e onze anos, respectivamente, enquanto ele permanecia grande parte do tempo em Jerusalém, no cuidado das atividades atinentes ao governo da província.

A bela residência do Copônio erguia-se na parte sul da cidade. Imponente moldura frontal, ostentando arbustos ornamentais, enriquecia o quadro, que a construção de acentuadas características romanas oferecia.

Grande pátio, marginado por magníficas palmeiras, quase todo o ano em frutescência, estendia-se a perder de vista.

Ali, divertiam-se os filhos queridos de Copônio, numa das manhãs cálidas de Sebaste.

O menor detinha traços remotos dos romanos do norte da Península, sem as marcas de severidade e dureza, características da raça.

O outro apresentava no rosto claro e expressivo, a vivacidade turbulenta de seu povo.

Diferentes no temperamento, mostravam sutis traços de dessemelhança no conjunto fisionômico.

Havia uma hora que os meninos brincavam na alameda saudável e pitoresca, ensombrada ao sol matinal, sob a vigilância carinhosa de um servo.

O mais novo estacara de repente, cansado da recreação numa das bigas, que o pai lhes brindara, visando iniciar os filhos em exercícios, que os levariam aos jogos futuros da família.

Pensativo, afastara-se recusando o folguedo, que o irmão mais velho amava com entusiasmo.

Sem sair de sua biga, este adverte ao pequeno, com maus modos:

– És um moleirão, Marcos! Alguns momentos de jogo bastam para pôr-te fora de combate. Imagino só que grande guerreiro serás!...

– Não serei guerreiro, Glauco. Não quero matar ninguém!

As palavras de Marcos soaram como uma chibatada aos ouvidos do irmão, que redarguiu:

– Não queres, é? Acaso possuis algum privilégio maior que os meus? Achas que podes contrariar os princípios de nosso pai?

– Papai, bom como é, será o primeiro a não permitir que levemos a morte a semelhantes nossos! – retorquiu o menino triste, com os olhos perdidos nas colinas próximas.

– Como és ignorante, meu irmão! Pois saibas que papai já decidiu sobre nosso futuro. Seremos legionários de César, como convém a romanos bem nascidos como nós.

As expressões de Glauco bem lhe refletiam a vaidade precoce, incrementada de orgulho pela linhagem nobre.

Marcos, porém, já com os olhos derramando lágrimas incontidas, conclui com ingênua firmeza:

– Falarei com papai. Recuso-me a participar de lutas, nos campos de batalhas...

– Além de tudo, és covarde... Tens medo à luta, foges aos inimigos!...

– Não tenho inimigos! – reage o doce menino.

– Como não? Os inimigos de César são nossos também!

– Não compreendo tal disparate. Deves estar enganado, Glauco!

A conversa teria prosseguido se inopinado rumor, vindo da rua, não houvesse despertado a atenção dos irmãos, que atravessaram a vasta área recoberta de mosaicos raros, acorrendo ao largo portão, artisticamente trabalhado em alabastro.

Na via, algumas dezenas de filas de homens ainda jovens, mas profundamente abatidos, arrastavam carretas cheias de material bélico, à frente de garbosos legionários.

Mulheres e crianças participavam do estranho grupo, exibindo chagas íntimas nos rostos carregados da poeira – quem sabe de longos caminhos.

Glauco apercebeu-se logo da ocorrência e tratou, maldosamente, de pôr o irmãozinho a par dos fatos.

Lembrava-se ele de recentes informações paternas a respeito de importante expedição romana aos países do norte do Mar Grande, quase fronteiros à Antioquia, que deveria passar por Sebaste.

Após a explicação em pormenores enfáticos, Glauco assinala com ares de triunfo:

– Vês, Marcos? Aí tens escravos, criaturas vencidas nos combates com os nossos. Se não mudares tuas ideias absurdas, serás um desses infelizes em futuro próximo!

Marcos afastara-se até à imponente soleira do palácio paterno, onde se sentou, profundamente abatido.

Não lhe saía da mente o triste cortejo de seres humanos que marchavam para incerto destino. Meditava na estranheza de semelhante tratamento a criaturas, certamente dotadas da faculdade de amar e sofrer. Para ele todas eram iguais. Todas as crianças brincavam em jardins bonitos e participavam de suculentos banquetes diários. Todas vestiam linho fino.

Agora, porém, mostravam-lhe um mundo novo, onde se viam crianças maltrapilhas e abatidas, trazidas pelos braços cansados de jovens mães, envelhecidas prematuramente.

Nesse mundo diferente, apareciam-lhe homens moços e já trôpegos, marcados por feridas sangrentas e pela fome.

Como podia ser aquilo?

E como não pudesse entender os ângulos novos da vida, que lhe surgiam de inopino ante o coração sensível, Marcos aproximou-se do portão novamente, apoiando as mãozinhas leves e brancas no gradil brilhante, num gesto de dolorido desânimo.

Dos olhos claros e suaves, brotaram-lhe lágrimas silenciosas.

O palácio de Copônio envolvera-se em longa e sinuosa nuvem invisível a olhos comuns, naquela hora matinal batida de sol.

Era enorme interrogação, que se projetava do coraçãozinho alanceado do menino, lançando-se no espaço vazio!

Por quê? Por que tantas dores neste mundo tão lindo?

CAPÍTULO 2

As primeiras sombras

Algumas semanas decorreram após os acontecimentos narrados anteriormente.

O pátio da casa senhorial de Copônio achava-se deserto e triste.

Lá dentro, lúgubre aspecto dominava tudo e todos. Escravos iam e vinham, cabisbaixos e melancólicos.

Em dado momento, saíra uma jovem de rico aposento, que compunha o círculo de quartos e salas, que circundavam o salão principal, caprichosamente ornamentado por imponentes colunas dóricas, encimadas por capitéis artísticos.

Era Ruth, escrava trazida da Idumeia, desde a infância arrancada ao carinho dos pais.

A moça, muito bela, ostentava cabelos negros, presos por tranças, caídas graciosamente aos ombros. Traços delicados sublinhavam-lhe as faces morenas.

Ruth tinha os olhos negros úmidos e o rosto intumescido, atestando-lhe a presença de lágrimas recentes.

Mira, escrava judia, já madura, aproximou-se, indagando com ansiedade:

– Nosso menino melhorou?

Um gesto negativo da linda cabeça de ébano fora a resposta melancólica e desesperançada.

A companheira assevera, chorando em desespero:

– Que se há de fazer para o restabelecimento da saúde de nosso anjinho? Os melhores médicos foram convocados para vê-lo e se revezam à cabeceira do menino, há três longas semanas...

Ruth aduziu, com profundo acento:

– Nosso amado Marcos caiu de cama desde aquela manhã fatídica, quando soldados do Império entraram na cidade, escoltando a última leva de escravos. O menino deixara-se abater, impressionado com o quadro cruel, novo para a sua sensibilidade delicada.

– O fato surpreendeu dolorosamente o coração generoso de nosso menino – confirmou Mira.

– Aqui tomam-se medidas de prudência no tratamento aos escravos a fim de não ferir a alma de Marcos. Ordens de nosso amo, que atende assim, à preocupação de ver o filho sempre alegre.

– O que não deixa de ser uma grande virtude de Copônio, senão a única... – intervém Mira, reticenciosa.

A verdade é que pessoa alguma reconheceria no homem ambicioso e prepotente, o pai carinhoso e amigo, que se tornava pródigo ao lado dos filhos. No lar de Sebaste desaparecia o usurpador inescrupuloso de Jerusalém.

Após aflitiva pausa, Ruth retoma o fio das confidências inquietadoras:

– Quando o menino caiu enfermo, disse ao pai que desejava morrer. Preferia sair do mundo a ter um dia de matar alguma pessoa... O coitadinho pensa que será obrigado a tornar-se guerreiro, conquistador de povos e terras, como o pai...

– Como é belo o coração de nosso amado Marcos! – atalhou

Mira, a soluçar, enquanto Ruth retomava o caminho do aposento do enfermo.

O quarto muito amplo, forrado de suntuosos tapetes vermelhos, o teto decorado de motivos florais de grande efeito.

Copônio achava-se ao lado do filho, assoando-se ruidosamente para disfarçar a emoção penosa.

Homem quase maduro, de traços predominantemente romanos, trazia vistoso manto púrpura com motivos bordados a ouro, sobressaindo-se sinetes representativos de muitas vitórias, alcançadas em inúmeras campanhas.

Mesmo naquele momento de apreensões pungitivas, o orgulhoso mandatário não se dispusera a abandonar a aparatosa indumentária oficial, símbolo do alto cargo que ocupava.

Num dos ângulos mais afastados do aposento, Glauco observava o irmãozinho enfermo. O rosto calmo não lhe revelava emoções íntimas. A verdade é que o filho mais velho de Copônio nunca fora apegado ao mano, a quem não perdoava o precoce instinto de covardia...

O procurador tomou as mãozinhas frias do filho e pediu aflitivamente:

– Que queres, meu filho? Tudo farei por devolver-te a saúde! Vamos, dize sem receio...

Os olhos tristonhos de Marcos levantaram-se para o genitor e a boca se lhe abriu para estranho pedido:

– Pai, se queres que eu viva, manda teus escravos de volta a seus lares e consente que todos os meninos da cidade sejam iguais a mim...

– Impossível, filho – disse Copônio, vacilante entre a tentação de mentir e o horror de perder o grande tesouro de sua vida.

– Por que, pai?

– Isso que me pedes é impraticável, meu filho. Os escravos desta casa pertencem ao Império Romano, portanto...

— Escolhe, paizinho. O Império Romano ou teu filho... Jamais viveremos em alegria se tiver junto a mim criaturas infelizes.

Os olhos assombrados daquele homem forte, iam do filho amado às paredes recamadas de signos heráldicos, evocadores de sua alta descendência.

No cérebro, rodopiavam-lhe tremendos conflitos. Libertar escravos era tão desonroso para um romano como sair-se vencido de uma refrega.

Mas, perder o filho idolatrado era exigência superior às suas forças...

— Que resolves, pai? — a voz débil de Marcos ressoava aos ouvidos do genitor como terrível sentença.

Copônio jamais enfrentara situação tão difícil. As lutas mais árduas tivera na vitoriosa jornada pelos campos inimigos. Em todas houvera-se com extraordinária coragem. Agora, porém, achava-se frente a uma encruzilhada terrível. Forçoso escolher um roteiro. Que caminho escolher?

A mente de Copônio trabalhava num verdadeiro tumulto, avolumando-se-lhe o inquietante dilema.

O enfermo cerrara os olhos fatigados pelo esforço. Mais parecia um serafim do que um ser humano, na contemplação dolorida de Ruth.

O procurador tocou enternecidamente o rosto do pequeno com a ponta do dedo. Impressão angustiosa tomou-lhe o íntimo. Pareceu-lhe sentir o menino sem vida.

E aquele homem, que nunca chorara, prostrou-se de joelhos à cabeceira de Marcos, em soluços convulsivos, rogando ansiosamente:

— Não te vás, meu filho! Não deixes teu pai!

O aposento guardava as sombras da angústia, que tomava todos os corações, ali reunidos em dolorosa expectativa.

Mira penetrara o quarto, como que atraída pela dor pungitiva do amo e de Ruth.

Completava-se, assim, o quadro das criaturas a quem o menino mais amava, junto de seu leito de dor.

Erguera-se Copônio de inopino e agitando os braços musculosos no espaço vazio, bradou, dramático:

– Glauco! Ruth! Mira! Não posso mais!

E acercando-se de novo do filho enfermo, sussurrou-lhe, quase brandamente:

– Em nome dos deuses, farei tua vontade, meu filho!

*

Cumprira-se a promessa.

No dia seguinte, antes do Sol ressurgir nas colinas verdes de Sebaste, os escravos da casa de Copônio foram reconduzidos às fronteiras dos respectivos países, como simples peregrinos ou aventureiros.

O procurador incumbira a Vanius, capitão da guarda palaciana, elemento de sua inteira confiança, da execução da delicada tarefa.

Os olhos de Marcos voltaram a brilhar e as cores da saúde vieram-lhe ao rostinho delicado.

Profundas alegrias perfumaram o coração do bravo Copônio.

Mas a velha casa patrícia encontrava-se abalada nas suas bases e comprometidas a fortuna e a reputação do preposto de Otávio, nas terras da Judeia...

Era o início de uma longa estrada de dores.

CAPÍTULO 3

Sombras e luzes...

Dois anos se passaram daquele acontecimento sem precedentes.

Uma pessoa na casa senhorial de Copônio não se conformava com a situação, que se anunciava crítica para a família patrícia.

Era Glauco que, já agora, um adolescente, na faixa dos treze anos, compreendia bem o aflitivo estado de coisas a que o "capricho" de um toleirão como Marcos, colocara a todos.

Estava certo de que a qualquer momento a notícia da absurda alforria de quase duas centenas de escravos, chegaria ao conhecimento do imperador. Daí, seria fácil prever-se as consequências. O pior – refletia Glauco – é que o pai, sempre tão seguro de si mesmo, não saía de junto de Marcos, parecendo nem ligar à importância devida ao caso.

Naquela manhã sorridente e luminosa de verão, a encantadora Ruth cantarolava suave melodia da terra natal. A moça recusara-se, juntamente a Mira, a acompanhar os conterrâneos felizes, no regresso à pátria.

Ficara tão somente por Marcos, a quem se afeiçoara, como verdadeira mãe desde a primeira infância do menino, quando sua genitora havia deixado o mundo para sempre.

Ruth evocava insistentemente a figura formosa da jovem patrícia, tão cedo afastada do convívio dos familiares queridos, pela vontade dos deuses – como dizia o esposo.

Glauco, irreverente e impulsivo, não simpatizava com aquela moça que, segundo suas conjeturas injuriosas, andava a pôr "coisas" nos miolos ingênuos de Marcos.

A moça conversava horas a fio com o menino – pensava Glauco – e naturalmente lhe inculcava as lendas da Idumeia, contendo relatos das crueldades dos invasores herodianos e peninsulares que, não contentes em saquear casas, matar velhos e desrespeitar mulheres, ainda traziam prisioneiros os vencidos aproveitáveis para o trabalho mais pesado, sendo que os mais cultos eram atirados aos labores da educação dos odiados algozes...

Esses pensamentos passavam, como redemoinhos satânicos, pela cabeça do rapazinho, quando seus olhos deram com Ruth a alguns passos adiante, ultimando a limpeza de riquíssimos adornos militares, que se alinhavam na majestosa sala circular, ornamentada de colunas.

– Ruth, queres fazer-me o favor de interromper essa monótona cantilena? Não suporto esses guinchos que bem lembram os idumeus porcos de tua terra!

A dureza das expressões de Glauco chocaram rudemente o coração da pobre moça, que se calara sem uma palavra.

Procedia sempre assim, frente às exigências descabidas do menino, receando que alguma palavra imprudente oferecesse margem a que o rapazinho levasse ao genitor a sugestão para o afastamento dela de junto de Marcos. E por nada, neste mundo, desejava interromper as alegrias que a presença do menino lhe proporcionava à alma abnegada.

O coração sensível da jovem, no entanto, ressentia-se com aquele tratamento rude de todos os dias.

Mas a presença querida de Marcos, sua carinhosa solicitude,

emprestava à Ruth extraordinária resistência. A vida continuava para ela cheia daquelas intermitências de sombras e luzes.

 Essas reflexões acompanhavam-lhe o ritmo dos passinhos apressados, em busca do menino, que ficara no jardim para distrair-se e banhar-se aos raios vitalizantes do sol matutino.

 Já ia a moça atravessando os largos umbrais, quando a voz irritada de Glauco a fez deter-se, assustada:

– Onde vais, idiota? Proíbo-te de encheres a cabeça zonza de Marcos com tuas baboseiras! Procura ocupação decente para tuas mãos desocupadas e inúteis!

 A moça retrocedeu, soluçando baixinho e tomou o rumo do interior palaciano.

 Glauco sorriu, malevolamente satisfeito.

 Lá fora, Marcos sentira o coração alanceado por inesperado dardo, cuja força pungitiva, arrancava-lhe lágrimas quentes dos belos olhos claros.

 Era a dor secreta de Ruth, que vinha ao encontro do doce coração do menino...

CAPÍTULO 4

Rumos novos

A manhã estava coberta de luzes. A claridade uniforme do sol envolvia a natureza inteira. Tudo parecia sorrir ao Astro da Vida, endereçando-lhe um Bom Dia tecido de gratidão e entusiasmo.

As árvores das colinas, que circundavam Sebaste, pareciam mais verdes e esplendorosas que nunca. O casario de linhas arquitetônicas nitidamente romanas e os monumentos de mármore reluzentes da bela cidade, preferida do grande Herodes, recebiam o beijo luminoso dos raios solares.

O Garizim emergia, mais imponente que o templo majestoso de Jerusalém, ao contágio carinhoso daquela catadupa de fulgurâncias celestes.

No palácio de Copônio, todavia, avolumavam-se as sombras da inquietação. Abafado movimento de coisas arrumadas às pressas revelava algum acontecimento inesperado. As fisionomias abatidas das servidoras abnegadas, o rosto apreensivo de Copônio e o ar interrogante de Glauco e Marcos anulavam a hipótese otimista de preparativos para uma viagem de recreio.

Marcos passara a noite em claro. Não pudera dormir com o barulho cauteloso de arranjos de malas, do empilhamento de gêneros alimentícios, nas afastadas salas do palácio, sob as ordens do pai.

O menino aproximara-se do genitor, indagando, ansioso:

– Pai, por que esses arranjos apressados?

– Vamos sair em viagem, filho.

A resposta breve escondia o sentido de mal disfarçada amargura.

– Viajar?! Por que não o disseste antes, pai? Sempre que saímos, és o primeiro a organizar planos, a promover projetos...

– A verdade, filho, é que não faremos desta vez uma vilegiatura, como antes, mas uma mudança talvez definitiva...

Na voz de Copônio vibrava dolorida emoção, que ele se esforçava por esconder.

– Alguma coisa deve ter acontecido, pai. Por que não me contas tudo?

– Não compreenderias, filho. És criança ainda – respondeu o genitor, enquanto acarinhava a cabecinha loura do filho amado.

– Já não sou tão criança... Tenho dez anos e posso entender certos problemas – afiançou o menino, com grave e ingênua convicção.

– Sim. És um homenzinho e saberás tudo, até mesmo aquilo que não posso compreender – aduziu Copônio, apoiado nas lembranças dos últimos e frequentes colóquios com o filho, em que este o surpreendera com uma profundeza de raciocínio, que o deixava muitas vezes estonteado.

O procurador arrematou, fingindo uma alegria que estava longe de albergar:

– Não te preocupes, filho. Garanto-te que nada sucedeu de grave. Viajar agora será bom para tua saúde...

Afastou-se o procurador para ultimar ordens. O coração do antigo legionário tinha o ritmo alterado e os olhos estavam congestionados.

Marcos, cabisbaixo, olhos fixos no soalho, ricamente tapetado de fina peça da Síria, iniciou dolorosa série de conjeturas: Por que seria aquele movimento da noite toda? Afinal para onde iriam?

Naquele justo momento, Copônio reunira-se às escravas para combinar planos relacionados ao bem-estar e segurança de Marcos:

– Bem podeis imaginar a tortura de meu coração ante a necessidade de afastar-me do filho adorado! Mas, deixo-o nas vossas mãos, confiantemente certo de vosso devotamento, em favor da saúde e educação de meu Marcos...

As escravas choravam baixinho, com a alma torcida por emoção violenta.

Pobre senhor! Até onde o levaram as arbitrariedades cometidas no mandato administrativo, que desempenhou por alguns anos!

O jovem Otávio tivera olhos fechados para os crimes de espoliação da plebe sacrificada, mas não perdoara a libertação indébita de escravos...

Em singular resposta aos pensamentos das fiéis servidoras, Copônio esclareceu:

– Reconduzi os escravos desta casa aos lares de origem, acedendo ao pedido extremo de meu filho. E não me arrependi, pois jamais tive o coração banhado de emoções boas como as que conheci depois disso. Uma coisa, porém, atormenta-me cruelmente: é a saúde e a sorte de meu Marcos.

Grande silêncio esmagou por momentos aquelas almas.

Copônio desfez a pausa, prosseguindo:

– Seguirei para Roma, onde ficarei à disposição das leis de meu país...

Ruth levantara os olhos negros, em que se liam amargura e ansiedade. Aquele homem sempre a distinguira com paternal respeito e, mesmo, parecia-lhe reconhecido à dedicação junto ao caçulinha amado. Dolorosa emoção tomara o coração da jovem escrava, que indaga ao amo:

– A situação é assim tão difícil, senhor? Que fareis agora?

– Nem mesmo eu sei o que me está reservado. O imperador conhece, afinal, os grandes erros em que me envolvi nesses anos. Estou disposto a devolver ao patrimônio imperial todas as parcelas, subtraídas ao tesouro no correr de minhas funções. Aprendi muita coisa com a cabecinha de ouro de meu Marcos...

Uma réstia de luz brilhou nos olhos claros do antigo legionário à evocação do nome querido.

Mira acentuou, com os olhos marejados:

– Que coisa triste para todos nós, senhor! Estávamos tão apegadas à vida nesta casa, onde vivemos em confiantes alegrias!

Copônio voltara à realidade, da qual havia fugido por breves instantes.

– O pior para mim é separar-me de Marcos. Espero de ambas os maiores desvelos junto de meu filho. Posso contar com a abnegação de ambas?

– Devotamento não se pede, senhor! Sabeis que vosso filho é a preocupação maior de nossa vida e a luz de nosso amor. Podeis partir sossegado...

Essas palavras de Ruth emocionaram aquele homem até então insensível a sentimentos do coração a não ser os que o ligavam aos filhos. Os olhos de Copônio sentiram a presença inoportuna de uma lágrima, fato que o levou a sair apressadamente, disfarçando a emoção incômoda.

As servas entreolharam-se, dando livre curso às lágrimas, que lhes afluíam da alma torturada.

Retiraram-se, silenciosamente, e foram cuidar dos últimos preparativos para a viagem próxima.

Lá fora, o Sol distribuía a magnificência espetacular de sua potencialidade, como se aquele dia anunciasse a aurora daqueles destinos humanos, que se compungiam nas sombras contrastantes da desesperança e da aflição.

Amanhã, contudo, será um novo dia.

Dia de alegrias ou de tristezas – que importa? Mas, um dia novo...

CAPÍTULO 5

A viagem

Copônio providenciara tudo, no sentido de conduzir o filho e as duas escravas à chácara de antigo companheiro de armas, na região do Hebron.

A viagem seria relativamente longa e difícil, mas o procurador preferiu afastar Marcos de Sebaste, onde mantivera a família no curso de sua permanência na Palestina.

Na capital judaica, sede oficial das funções do preposto romano, também o filho não estaria seguro.

A viagem fora combinada para a madrugada seguinte.

Quando as últimas sombras da noite serviam de fundo ao manto bordado de estrelas, a pequena comitiva de Copônio pusera-se a caminho.

Apesar da tristeza que lhe dominava o coração sensível, Marcos lançava, de momento a momento, exclamações esfuziantes ante a beleza nova do céu. Era a primeira vez que se sentia em pleno deslumbramento, em tão avançada hora, na contemplação dos astros distantes.

Copônio resolvera acompanhar o filho mais novo até Betânia. No dia seguinte, tomaria o rumo oeste, bordejando as costas do Mar Grande até o importante porto de Jope, onde embarcaria para Roma.

Assim teria mais algumas horas ao lado de Marcos.

Quanto a Glauco, esse o acompanharia à capital do Império, onde passaria a residir com a velha tia Gláucia, irmã da genitora falecida. A matrona era um desses padrões representativos da enfermiça estrutura social romana, sob tormentosa fase de transição. A velha patrícia personificava a mulher da época: carregada de dinheiro e de vícios.

A confortável liteira que conduzia a família era demasiado lenta.

A viagem decorria penosa para todos. Mesmo porque as incertezas do futuro a todos acabrunhavam de modo especial.

As duas escravas, apesar de serenas e naturalmente submissas, revelavam a íntima apreensão, através da troca de furtivos olhares.

O Sol brindava regiamente a terra de Judá com revérberos de luz, quando, no dia seguinte, os viajantes entraram em Jerusalém, que se mostrava movimentada e alegre àquela hora matinal de retorno à vida.

Copônio guardava nas grandes mãos a destra de Marcos e o olhar intranquilo lhe denunciava a preocupação de ganhar logo a estrada de Betânia.

Marcos tudo pressentia, com a admirável percuciência dos espíritos lúcidos que, embora na infância física, revelam a maturidade espiritual. A posição tormentosa, em que se situavam os corações amados, envolvia a alma do menino.

Glauco, sabedor de tudo quanto se passava, mal sopitava a grande raiva, que lhe amarfanhava o coração empedernido.

Já haviam transposto as portas bem conservadas do sudoeste. Apenas quinze estádios separavam Jerusalém da poética Betânia e não tardou muito para o aparecimento dos campos férteis da pequena povoação.

Era uma região aprazível, cujo predominante traço de beleza eram as montanhas, que se enfileiravam no rumo sul, oferecendo o portentoso brinde de riquíssimo cenário, pleno de vida e luz, particularmente ao viajor egresso dos centros populosos, onde os motivos naturais quase desapareceram para darem lugar às realizações humanas.

À certa altura do caminho, surgiu um campo bem cuidado. Alegres tarefeiros entregavam-se ao trato da terra dadivosa, festejando, com cânticos harmoniosos, a divina graça do trabalho.

Os olhos de Marcos iluminaram-se com a nota alvissareira que se constituía em feliz novidade para os viajores cansados e cheios de íntimo acabrunhamento.

Mira suspirou fundamente na contemplação daquelas terras, demorando o olhar nas plantações viçosas, como se alguma reminiscência querida lhe brotasse do coração.

Marcos notara-a e perguntou-lhe, de repente:

– Eu que pensas, Mira? Parece que belas coisas vieram à tua cabeça...

Mira sobressaltou-se ligeiramente ante a acareação carinhosa, mas inesperada. Os cabelos prateados da velha escrava, emolduravam a doce suavidade daquele semblante, que guardava traços de antiga beleza.

A bondosa mulher tomou alento e confirmou:

– Tens razão, querido menino. Este lugar traz-me, realmente, doces e amadas lembranças...

– Verdade, Mira? – acentuou Ruth, timidamente, presa dessa curiosidade tão característica dos corações jovens, ao pressentir alguma notícia aventurosa.

– É verdade, meu bem. Aqui passei a infância e parte da juventude. Meus pais nasceram e se criaram nesta terra bendita de Jeová.

Este último nome teve o condão de despertar Glauco do mutismo voluntário em que se fechara, desde a véspera:

– Não tens o direito de pronunciar tal palavra junto de teus senhores, que adoram outros deuses!

A voz do rapazola vibrava, propositalmente, metálica, a fim de ganhar maior influência naqueles corações simples e humildes.

– Perdoai-me, senhor. Esqueci-me por instantes de minha posição – disse Mira, sinceramente compungida.

– Ora, vamos, Glauco! Sempre assumes esses modos de desmancha-prazeres! Não há mal algum em que Mira nos conte seu passado e recorde sua gente... – advertiu Copônio, gravemente.

Marcos intervém com terna vivacidade:

– Estou gostando muito da história de Mira! Papai, pede à bondosa amiga que continue, sim?

– Mira continuará a bela história. Também desejo conhecê-la.

– Se assim o ordenais, senhor, prosseguirei.

A generosa serva passou a enumerar fatos da vida familiar, que ficaram na distância do tempo, mas sempre muito próximos do coração bem formado de Mira.

– Éramos ao todo cinco irmãos e meus pais. Mais tarde, quando moça, veio juntar-se a nós encantadora criança. Era um sobrinho de nossa mãe, órfão, a quem nos afeiçoáramos muito depressa.

Todas as noites, reuníamo-nos à volta da singela mesa, onde tomávamos as refeições e orávamos. Nosso pai tinha sempre uma crônica bonita para narrar. Recordava, com júbilo especial, a epopeia da tribo de Benjamim, que é hoje esta terra bendita que acabamos de atravessar. A saga que mais me enternecia era a de Ester.

Os olhos de Mira adquiriram estranho brilho ao evocar aqueles seres queridos da longínqua infância.

Instada novamente por Marcos, após ligeira pausa, a escrava reiniciou o relato das lembranças amadas, sob o melancólico entusiasmo da saudade.

– Chegamos a decorar a formosa história de Ester, tantas vezes a ouvimos.

Quantas vezes – continuou Mira – senti o coração pulsar ao peso das emoções. Chorava mansamente, todas as vezes que entrava em contato com as aventuras da rainha mais poderosa do Oriente, cuja origem era a humilde casa de Abiail!

Os olhos nostálgicos de Mira pareciam ver à distância a fabulosa viagem da jovem Ester ao encontro do rei Assuero, senhor de cento e vinte e sete províncias, que começavam na Índia e terminavam na Etiópia.

A velha escrava conhecia, à força de ouvir, centenas de vezes, a vida de Ester, na posição geográfica das terras de Efraim, de Manassés, de Issacar e de Zabulon, por onde a jovem teria passado antes vezes inúmeras.

Descrevia o porto de Tiro, de onde Ester teria saído pela Fenícia, como se seus olhos o conhecessem na época afastada, em que se dera a viagem aventurosa da orfãzinha benjamita.

– O porto era belo, estendia-se em amplas costas de areias, sempre batidas pelo Mar Grande, e se alongavam até Sidon. Na frente surgia, fabulosamente larga, a perder-se da visão humana, a grande massa de água. Ali a pequena despedira-se para sempre da pátria querida.

Mas, longe dos compatriotas, Ester fizera mais pela terra de Judá, que todas as tribos reunidas de Israel.

Marcos aproveitou pequena pausa para exprimir o entusiasmo que o animava:

– Mira, tua história é belíssima! Por que nunca me falaste de coisas tão interessantes?

A velha escrava atendeu, com simplicidade:

– Jamais expus esses fatos, meu menino, porque não me compete despertar vosso interesse pelas coisas de minha gente.

– Doravante, ficas intimada a contar-me tudo o que souberes de tua terra maravilhosa! Entendes?

Foi Glauco que respondera ao entusiasmo do irmão, com uma daquelas duchas tão próprias de seu temperamento precocemente atrabiliário:

– Mira não vai narrar mais essas baboseiras sem pé nem cabeça, não é pai?

Copônio alongou o olhar na amplidão do horizonte, as sobrancelhas arquearam-se-lhe, como para despertar-se da abstração involuntária em que se engolfara.

O antigo legionário nada respondera. Havia muito achava-se distante, com o pensamento tomado por apreensões angustiantes.

Naquele justo momento, um cavaleiro alto e forte, envergando alva túnica, a cabeça descoberta, surgiu ao longo da estrada inopinadamente. Dir-se-ia tivesse tomado invisível clareira, que convergisse para o roteiro principal.

O certo é que, até então, ninguém dera pela presença do viajor estranho.

O Sol atravessava a linha meridiana do firmamento e o casario velho de pedra de Betânia aparecia a pequena distância, qual convidativo refúgio, na tranquilidade de suave bucolismo.

CAPÍTULO 6

Novas surpresas

Os viajantes acomodaram-se na hospedaria singela da cidadezinha, conduzidos pelo cavaleiro desconhecido, que acompanhara a comitiva, desde a entrada do lugarejo, onde a encontrara.

Os olhos percucientes e negros do viajor, alto e trigueiro – pelos efeitos evidentes da canícula das paragens sulinas –, revelavam inteligência viva.

À Ruth impressionara fundamente aquele olhar dominador, bem como o porte viril do homem ainda jovem, que emergira, como por desconhecida arte de encantamento, do mar verde da vegetação robusta no caminho de Betânia.

Na manhã seguinte, às primeiras horas, Copônio já se encontrava preparado para a longa viagem em demanda do porto de Jope.

Junto do filho amado, o valente guerreiro de outros tempos tremia, penosamente emocionado, ante a contingência da separação.

Marcos representara sempre o encantamento máximo da vida atribulada do genitor. Glauco, entretanto, era mais parecido com o pai, no temperamento.

Mas, o caçula irradiava envolvente carinho, que deixava Copônio enlevado e feliz.

Agora, tudo seria diferente. A vida em Roma não se desenvolveria de molde a dar paz ao ex-mandatário do Império. O desterro às colônias distantes da Grécia ou da Gália, seria o resgate mais suave que o otimismo mais avançado admitiria.

Caio Otávio pisara Roma como vencedor de muitas batalhas e trouxera credenciais de justiceiro impoluto junto aos vencidos, cujo tratamento humano assegurava com ardor. Isso, porém não se evidenciava com os "traidores" do Império, em cujo número ele – Copônio – se enquadrava, em razão do passado pouco digno, que o relacionava no registro negro de César, como mandatário em longínqua província judaica.

Era notório que o imperador regulamentava o exercício de Administrador-Mor do Mundo, empunhando o cetro de irrestrita justiça. Viveria em paz o cidadão que não ferisse os sagrados direitos romanos, mas não se iludissem os transgressores de tal código. Ai deles! Não haveria clemência para ninguém!

Que lhe reservariam os severíssimos tribunais romanos?

As incertezas quanto ao próprio destino não doíam tanto a Copônio como a separação do filho amado.

Dentro de minutos, encontravam-se todos à saída da hospedaria, no momento difícil das despedidas.

Marcos uniu-se ao genitor num abraço longo, em que se condensavam ternura e angústia mútuas.

O pai falou, com voz embargada:

– Vai para teu quarto, meu filho! Assim será melhor para teu pobre pai...

O orgulhoso romano abraçou as servidoras, num gesto incomum de fraterna generosidade.

Glauco apertara a mão de todos, quase distraído, e retirou-se antes do pai.

Ruth reconduziu Marcos ao interior da estalagem. O menino tinha os olhos molhados e a garganta oprimida por soluços incontidos.

Grande manto bege-claro cobria as espáduas largas do antigo legionário, quando este tomara assento na carruagem, acompanhado do primogênito.

Marcos ficara sob a assistência carinhosa das grandes amigas de seu coraçãozinho.

– Ruth, por que papai não nos levou? – perguntou o menino, com lágrimas silenciosas a lhe correrem pelas faces.

– Algum motivo justo houve, meu menino. Vosso pai vos quer muito e só vos deixa por impedimento intransponível. Mas, não vos aflijais... Um dia nos reuniremos a ele...

As últimas palavras foram proferidas pela boa escrava, como acionadas por força desconhecida e inteligente...

A alma do menino bebeu-as avidamente, nelas encontrando singular bálsamo.

Alguns dias decorreram na hospedaria. Mira e Ruth empenhavam-se em distrair o menino, enquanto aguardavam os dois servidores de Copônio que os levariam à propriedade do antigo companheiro no sul.

Numa tarde, Marcos e as dedicadas escravas encontravam-se à soleira, quando os emissários de Copônio chegaram, trazendo confortadoras notícias.

O ex-capitão de uma das legiões de Augusto, residente em local próximo de Hebron, ficara satisfeitíssimo com a próxima vinda de um dos filhos de seu mais estimado companheiro de refregas gloriosas.

Marcos recebera a informação com grande júbilo. É verdade que já se aborrecia com a espera. Se algum objetivo tinham a concretizar, que os fatos viessem logo...

Esse estado de alma bem lhe definia o caráter amante dos fatos positivos.

As servidoras expressavam íntima alegria na vivacidade com que se puseram aos arranjos da viagem próxima.

Marcos, embora jubiloso, fizera-se pensativo, brilhando-lhe nos olhos claros penosas emoções. Eram as saudades do pai.

No caminho – pensava ele – lembrar-se-ia constantemente do paizinho ausente, recordando-lhe o carinho naquela viagem de Sebaste à Betânia.

O momento particularmente amargurante da despedida não lhe saía do coração.

Além de tudo, algo lhe segredava agora, que nunca mais veria o idolatrado genitor em terras da Palestina.

Na madrugada seguinte, iniciaram a viagem. O roteiro conhecido ia revelando, horas depois, aspectos novos de vegetação luxuriante, que a proximidade do Jordão se encarregava de conservar.

Não tardou que surgissem as paisagens pitorescas do caminho, cujas irregularidades do relevo mais acentuavam os traços da beleza topográfica. Numerosos grupos de opulentas árvores ofereciam cenários empolgantes. Acolá, o fascínio das elevações, em cujos flancos a vegetação, rasteira e cerrada, dava ao ermo da região contrastante aspecto de vida e alegria.

O panorama impressionava bem a alma sensível de Marcos e das companheiras, que se entregavam a comentários entusiastas sobre as belezas daquela zona da Judeia, delas tão querida.

A viagem corria, assim, de surpresa em surpresa, sob a guarda silenciosa dos dois servidores, quando surgiu, numa saliência do caminho, conhecido cavaleiro. Como da outra vez, montava fogoso corcel árabe. Os olhos brilhavam-lhe suaves, através das pupilas escuras.

Era o homem que os conduzira à hospedaria de Betânia e cujo nome nem puderam recolher tal a ligeireza com que lhes desaparecera da vista.

Sem saber por quê, Marcos teve um sobressalto agradável. O coração pulsou-lhe, em incontida vibração de contentamento e confiança, quando o viajor os abordara alegremente:

— Olá! Onde ides nessa marcha lenta? Neste deserto o meio de transporte mais rápido é ainda o cavalo!

— Chegaremos dentro de três dias à propriedade de Félix, antigo capitão de uma das legiões romanas – disse Mira à guisa de informação.

O cavaleiro ajuntou, com solicitude espontânea:

— Muito bem! E posso ser-vos útil em alguma coisa, pois resido nas vizinhanças da chácara de Félix.

Depois de haver feito rodopiar a alimária, o moço colocou-se na direção tomada pela pequena caravana.

Ruth ruborizara-se intensamente ao sentir os olhos negros do desconhecido sobre os dela. Uma vibração de enlevo e alegria intraduzíveis tomara-lhe a alma singela.

O instante fora breve, todavia, como o ligeiro roçar das asas de travesso colibri sobre a flor formosa das campinas.

A viagem prosseguia rumo sul. Em cada alma um sentimento novo, misto de esperanças e incertezas, à medida que se aproximavam do objetivo traçado.

Somente Josafá – o guia de pele tostada e olhar penetrante – tinha o coração pleno das luzes esplendentes de singulares certezas...

CAPÍTULO 7

A grande revelação

Algumas semanas na aprazível propriedade de Félix ofereceram múltiplas oportunidades a Marcos e Ruth para pequenos passeios pelos arredores.

A vivenda confortável achava-se localizada nas proximidades da orla marítima, à margem direita do Mar Morto, cujas águas profundas guardam os mistérios da morte.

Esse fato, contudo, emprestava à Chácara das Flores – assim se denominava o pitoresco sítio – a beleza de vegetação opulenta, proporcionando à terra a fecundidade dos solos privilegiados.

Nos arredores da habitação distribuíam-se belos cenários naturais, onde o verdor das paisagens se harmonizava com o azulíneo do céu, quase sempre límpido e banhado de sol.

Certa manhã, Marcos saíra com Ruth percorrendo alguns estádios da Chácara.

No roteiro florido, tecido de agreste poesia, o menino conversava com a dedicada ama. Falavam da extrema generosidade de Félix e de sua esposa Júlia. Como eram bons! Não tinham filhos e receberam Marcos com transportes de alegria, como se tomassem o próprio rebento de sua carne nos braços carinhosos.

Ruth notara a diferença do tratamento dispensado pelo

generoso casal aos servidores da casa: era inteiramente oposto àquele demonstrado por romanos de seu conhecimento.

O fato causara certa estranheza ao espírito da jovem. Viera preparada para possíveis humilhações e tudo sofreria por amor de seu idolatrado menino. Entretanto, ali, era alvo de confortadoras atenções.

Uma pergunta bailava-lhe na mente: Por que Félix e Júlia eram diferentes dos romanos que ela conhecia?

Naturalmente, a moça não exteriorizaria a íntima indagação, pois sabia que Marcos sentiria qualquer alusão ao orgulho paterno.

O Sol da Judeia derramava, àquela hora matinal, raios de vida e luz sobre o campo bordado de florinhas multicores. O menino, encantado, apanhava, aqui e ali, variegadas espécies, correndo de um lado para outro e chamando a companheira em alta voz:

– Ruth! Ruth! Corre até aqui! Vê que maravilha de florzinha... Ela ficará muito bem nos teus cabelos negros!

Ruth, sorrindo, abaixou-se a fim de que Marcos lhe colocasse a flor na cabeça de ébano.

A poucos passos, um cavaleiro, alto e trigueiro, observava a cena encantadora, com visível interesse. O vestuário branco, semelhante à epómide grega, refulgia ao sol, como se fosse tecido de fios brilhantes.

– Bonita cena para um episódio no paraíso!

Aquela voz tão conhecida de Ruth e de Marcos, trouxe-lhes as emoções da alegria, não da surpresa.

Josafá habituara os amigos àquelas aparições sem anúncio prévio.

O coração da moça, aliás, sentia a estranha presença de Josafá, no contato da magnificência campestre.

A alma sensível da jovem escrava estremecera, jubilosamente, ante a agradável situação.

– Josafá, vieste completar nossa alegria, amigo! – exclamou Marcos, com entusiasmo confiante.

– Obrigado, menino! Como é bom a gente testemunhar quadro tão enternecedor! Dir-se-ia que todas as esperanças do encontro maravilhoso que buscamos, concretizam-se neste momento! – asseverou o moço em tom profundo, quase solene.

– Que dizes, Josafá? A que encontro te aludes com tão grande entusiasmo? – indagou Marcos, fazendo coro à secreta curiosidade de Ruth, no mesmo sentido.

– Ah, meu menino, se soubésseis! A história é muito longa, mas vale a pena ser ouvida! Busquemos uma árvore acolhedora para abrigar-nos do sol – acrescentou o moço, caminhando no rumo de opulenta figueira brava, a cuja sombra convidativa se sentaram.

– Conta-nos tua história, Josafá! Ruth e eu somos todo ouvidos... Não somos, Ruth?

– Sim! Sim! – confirmara a jovem, com mal disfarçado interesse.

No topo do imponente vegetal, uma avezita iniciara melodiosa saudação aos visitantes. Os três ficaram alguns minutos atentos àquelas nótulas suaves, que brotavam do pequenino bico de ouro, encarapitado em frágil ramo.

Josafá alongara os olhos na distância das campinas. Começou a falar baixinho, como se a narrativa que confiava aos corações amigos fosse segredo inviolável.

Ruth pousara o olhar no semblante emocionado do rapaz, como fascinada por aquela personalidade singular tão distanciada das coisas comuns da vida.

Quando Josafá falava, parecia à moça que as palavras saídas

daquela boca eram ungidas de certeza inabalável, de invencível convicção.

— Muitos estádios além da Chácara das Flores – esclareceu o moço ante o interesse dos amigos –, entre o deserto e o mar, reside um ancião virtuoso, cujo coração é vivo espelho de justiça e bondade. Embora viva segregado do mundo, entregue à contemplação e à vida ativa, é muito conhecido em quase toda a Palestina. Todos o procuram para se aconselharem com ele, nos transes difíceis.

Pois bem – continuou o rapaz – esse santo homem honra-me com generosa estima e me tem confiado belos e edificantes ensinamentos. Tanto me tem falado da vinda de um Grande Espírito ao mundo para salvar-nos, que não me restam dúvidas de que o Messias já veio, que anda por aí, ainda criança, como o querido menino...

— Bela história nos contas, Josafá! E como se chama o homem a que te referes? – indagou Marcos.

— Chama-se Lisandro. O santuário do ancião é uma casa singela e pobre, onde reside sozinho, entregue às orações e aos trabalhos que só ele conhece, juntamente a companheiros de seita.

Quando o conhecerdes – prosseguiu Josafá – começareis a ver o mundo e as coisas sob o prisma da beleza e, acima de tudo, iniciareis a Grande Procura, nas cidades e nos campos. Toda criança, com carinha de anjo, será nova luz de esperança a brilhar-vos no coração! Exatamente como me acontece...

Josafá fez ligeira pausa, que não foi interrompida e continuou:

— A Grande Estrela, segundo afirmativas de Lisandro, já veio. Um dia, os Céus no-la colocarão nos caminhos da Dor ou da Alegria.

Marcos fixara o olhar surpreso no interlocutor. Aquilo era a coisa mais extraordinária que já ouvira.

Ruth compreendera, afinal, a insistência de Josafá em servi-los, desde Betânia. Não era por causa dos belos olhos da jovem escrava, mas por amor de um menino desconhecido, cujo paradeiro ignorava, que o rapaz aparecia no caminho da formosa servidora da casa de Copônio.

E os olhos negros da moça traduziam-lhe a íntima decepção.

Mas a emoção dolorosa fora breve. A bela escrava reagira valentemente, colocando-se na postura de ouvinte atenta, realmente interessada em colher as notícias restantes.

Enquanto Josafá falava das certezas luminosas, que lhe felicitavam a alma, os olhos de Ruth postaram-se na amplidão da campina verde, como se buscassem algum tesouro de luz, escondido na fímbria colorida do vestido de seda de alguma florinha silvestre...

CAPÍTULO 8

O ancião do Mar Morto

A Chácara das Flores apresentava aspecto primaveril. Afigurava-se ao observador que a grande variedade de arbustos floridos, que enriqueciam os canteiros, haviam sido transplantados sob desconhecido processo de adaptação, em face da esplêndida eclosão de vida e beleza que ali se manifestava.

Os canteiros bem dispostos, apresentando figuras poligonais de indescritível bom gosto, lembravam os jardins bem cuidados de Roma.

Todas as tardes, Félix e a esposa desciam àquele recanto poético, onde permaneciam horas inteiras entregues ao entretenimento, que o cuidado das plantas lhes exigia.

Os hóspedes tomavam parte daquelas horas de cotidiano enlevo espiritual.

Encontravam-se todos reunidos no jardim. O calor era intenso.

Em meio à conversação, que girava sobre diversos temas, Marcos interpela a matrona:

– Senhora, desejaria de vós uma informação a respeito de Lisandro – o ancião –, que suponho seja vosso conhecido.

Júlia sorriu, e atendeu, benevolente:

– Faze a tua solicitação, meu filho. Conhecemos Lisandro, graças ao Senhor.

– Desejo saber se a gente pode ir tem com ele...

O pensamento do menino ficara suspenso, mas Júlia entendeu o restante. Levantou-se, indo ao encontro do menino e o acalmou com leve e carinhoso toque nos ombros, asseverando, sorridente:

– Como não? Iremos todos. Também Félix e eu temos necessidade de falar com o santo varão...

Marcos não conteve um movimento de entusiasmo todo infantil. Bateu as mãos, num aplauso sincero:

– Que bom! Que bom! Não vejo chegar a hora desse encontro!

– Será amanhã, querido menino! Somos dois apressados em matéria de encontros agradáveis! – interveio alegremente Félix.

* * *

Na manhã seguinte, quando Marcos se pusera de pé, tudo estava preparado para a viagem.

Animais ajaezados e uma quadriga tirada por quatro cavalos mansos e dóceis – lembrando os velhos tempos de jogos gloriosos do antigo legionário – encontravam-se à espera dos viajantes.

Marcos e as mulheres acomodaram-se no veículo, estreitamente apertados no espaço exíguo.

Félix e mais dois servidores tomaram as alimárias.

Puseram-se a caminho, após o primeiro repasto. Júlia tivera a lembrança de preparar merendas substanciosas para as refeições do dia, pois não desejava aborrecer o ancião com tais preocupações.

A viagem constituiu-se em sucesso para o coração de

Marcos, que se empolgava a cada passo com o cenário natural, não obstante a aproximação da zona desértica, que se fazia entrever não longe, com suas planícies batidas de sol, parecendo levar ao mar a mensagem da esterilidade.

A rota era relativamente pequena. Três horas depois, Júlia anunciou:

– Lá está o santuário de Lisandro!

A dois estádios surgia graciosa morada branca, semelhando-se a uma embarcação, flutuante no mar verde de belas árvores copadas.

Os viajantes divisaram um vulto branco, de pé à porta estreita e alta. Nele tudo era imaculadamente branco: os cabelos descidos até as espáduas, as barbas longas e a túnica que lhe cobria os pés, guardados por sandálias grosseiras de fibras vegetais.

Marcos sentiu o coração pulsar-lhe mais forte. O encontro com Lisandro era singular acontecimento, cujo significado o menino não alcançava de pronto, mas pressentia.

Chegaram, finalmente.

Júlia e as escravas desceram da carruagem, auxiliadas por Félix e correram a abraçar Lisandro, que as recebeu com carinhosa efusão.

A matrona apresentou as escravas de Copônio com natural espontaneidade como se lhe fossem do próprio nível social. O ancião anotou intimamente o evento, com sorriso de profunda alegria.

Marcos ficara para trás, quase anulado por inexplicável sentimento de inferioridade. Sentia-se constrangido diante daquele velho, que mais parecia um grande deus dos que o genitor lhe falava sempre.

Certamente era um representante do Panteon, disfarçado em criatura humana, como frequentemente se dava com os deuses.

O menino remoía esses pensamentos na cabecinha atormentada, quando a voz suave e alegre do ancião o despertou do enleio:

– E tu, meu menino, por que não te aproximas? Tenho pressa de apertar-te nos braços e acalmar-te o coração!

Como sabia Lisandro dos movimentos anormais de seu coração? Oh, aquele velho era mesmo um deus, peregrinando pelo mundo, sem dúvida!

Marcos aninhara-se nos braços carinhosos do ancião. A impressão de conforto e ternura era tão envolvente que o menino se mantivera, por longos instantes, agarrado ao amplexo generoso, sem poder falar.

Foi Lisandro quem, mais uma vez, quebrou o grande silêncio íntimo do menino, asseverando:

– O teu coração, menino, possui o calor de grandes conquistas passadas. Mas, as vitórias do futuro serão maiores. Serás um dos mais prodigiosos vencedores que estes meus velhos olhos já puderam contemplar, na vida longa como tem sido a minha...

– Terei, então, de lutar? Oh, tenho horror às lutas! Não haverá um meio de me livrardes delas? – perguntou o menino, aterrorizado.

– As tuas lutas serão diferentes daquelas que temes. Tuas mãos jamais serão manchadas pelo sangue de teus semelhantes, meu filho. Descansa e prepara-te para combates de outro teor. O Pai Altíssimo tem pressa de colocar na tua destra a lança da Justiça e do Amor!

Marcos fixara os olhos amarelo dourados de Lisandro, como se neles buscasse resposta capaz de esclarecer todo aquele emaranhado, que lhe flutuava na cabecinha inquieta.

O ancião parecia conhecer todos os pensamentos do menino, porque afirmou com vivacidade:

– Acalma esse coraçãozinho atormentado, meu filho. Dia virá em que terás todos os esclarecimentos que buscas. Mas, tudo chegará aos poucos, gradativamente, de acordo com as tuas novas conquistas...

– Quando começarei, santo homem? – indagou Marcos, com desusado brilho nos olhos claros.

– Hoje mesmo, meu amado menino. Não vieste ao meu encontro para outra coisa.

A resposta pronta e incisiva de Lisandro não pareceu surpreender a Félix e a Júlia. As escravas, no entanto, entreolharam-se aflitivamente, como buscando uma saída para a situação, que se lhes apresentava muito delicada.

Eram responsáveis pelo menino. Que aconteceria se o velho Lisandro pretendesse ficar com Marcos?

O ancião voltou-se para as duas mulheres, como ferido pelos pensamentos angustiosos delas, e acalmou-as, generoso:

– O Pai sabe o que faz. Somos depositários de Sua Vontade e não instrumentos dos desejos frágeis do homem. Anulemos nossas aflições e entreguemos ao Divino Doador da Vida a rota de nossos passos, com a confiança luminosa dos que desejam acertar com o caminho legítimo da felicidade imortal.

Ruth abaixara a cabeça negra, mal sopitando as emoções e Mira pôs-se a chorar sem disfarce, tomada de funda impressão.

Naquela hora memorável selava-se o compromisso tácito de nova etapa de luzes, na estrada daqueles destinos.

Cumpria-se, assim, a Divina Vontade na humilde submissão de almas devotadas e sinceras.

CAPÍTULO 9

A história de Júlia

À tardinha, no caminho de volta à Chácara das Flores, Júlia evocava os surpreendentes acontecimentos, que precederam a permanência de Marcos no Santuário de Lisandro.

O menino ficara, realmente, na companhia do ancião, a convite deste.

Havia tanto júbilo na voz de Marcos, quanto se dirigiu às companheiras abnegadas, solicitando-lhes permissão para atender ao santo homem, que elas não tiveram dúvidas na aquiescência.

Tudo fora tão inesperado que as fiéis servidoras de Copônio não tiveram tempo de raciocinar sobre a situação difícil em que se colocaram. As almas confrangiam-se-lhes, agora, em profunda inquietação.

Todavia, a matrona encarregara-se de desanuviar o íntimo das abnegadas mulheres com o relato dos sucedimentos.

– Félix e eu sabíamos que Marcos ficaria com Lisandro... – esclareceu a generosa patrícia.

– Como?! Sabíeis de tudo? Quem vos comunicou o fato? – indagou Mira, sem conter o assombro, pois não vira pessoa alguma na propriedade do ex-capitão, desde a véspera.

Júlia aquiesceu com ternura fraterna:

– Oh, minha boa Mira, não compreenderias agora o que se passou! Não te achas preparada para receber a verdade...

– É assim tão terrível o que se passou? – interveio Ruth.

– Terrível não é bem o termo, querida Ruth! Sublime é a significação legítima dos acontecimentos...

Após rápida pausa, Júlia prosseguiu:

– Tentarei explicar-vos com ideias que se aproximem da tradução mais clara da ocorrência. Para isso, porém, teremos de recorrer à nossa longa história, a fim de facilitar o esclarecimento dos singulares e aparentes mistérios.

Quando chegamos a esta região abençoada do Hebron éramos dois desesperançados da Misericórdia do Senhor, Félix e eu, mesmo porque nossa formação religiosa não nos permitia a crença no Poder Único. Tínhamos a mente deformada por concepções absurdas, baseadas no quadro multiforme de divindades de matizes e procedências diversas...

O certo é que muitos anos de vida ociosa e a fatuidade dos costumes nas cortes do Império, inculcavam-nos ao coração amargurante tédio. A falta de um filho corroborava fortemente para o caos de nossa vida, em plena opulência.

Jamais havíamos pensado nos problemas dolorosos da plebe. Nunca empregamos tempo com a miséria do próximo.

Não tardou, porém, que Félix se saturasse daquela vida sem objetivos, o mesmo acontecendo comigo.

Certo dia, meu esposo veio encontrar-me nos aposentos luxuosos de nosso palacete em Roma, lançando-me ao coração o atordoamento dilacerante que oprimia o dele.

Estávamos ambos enojados daquele tumulto contínuo de reuniões festivas e banquetes. Quebraram-se os derradeiros fios de nossa resistência. Resolvemos tomar uma decisão capaz de pôr cobro àquela vida tediosa que carregávamos na Capital do mundo.

Foi nessa ocasião que meu marido caiu gravemente enfermo. Febre tenacíssima enfraquecia-lhe, aos poucos, a admirável robustez física.

Todos os recursos foram mobilizados por amigos mais chegados a nós para reconduzir Félix aos caminhos da antiga saúde. Algumas melhoras fizeram-se notar, a princípio, mas a febre não cedera, constituindo-se em autêntico espantalho frente às nossas esperanças para a recuperação do enfermo.

Decorreram três meses e o quadro melancólico não se modificava, quando um amigo de nossa casa aconselhou-nos deixar a cidade e buscar uma região campestre, propícia ao tratamento dessas febres pertinazes.

Tudo ficara resolvido da noite para o dia. Lembramo-nos de uma propriedade nossa no sul da Judeia, que Félix recebera em paga dos muitos serviços prestados à legião que comandara nas expedições à Galácia e Pisídia. Escolhemos de comum acordo aquela região a que Félix sempre se referia com entusiasmo.

A viagem fora longa e difícil. A embarcação que nos trouxe atravessava o mar alto, movimentada ora por ventos fracos, ora pelos braços robustos de três dezenas de escravos, que nos acompanhavam.

Ao fim de quinze longos dias, a galera chegara às costas da África oriental, em Tapso, onde Félix estivera à portas da morte. Alcançamos o porto de Apollonia duas semanas depois.

Decidimos realizar a última etapa da viagem por terra, mas a tentativa não fora menos feliz que a travessia marítima; Félix não suportava a lentidão dos camelos, no avanço da caravana, no deserto egípcio.

Tomamos, a seguir, o porto de Alexandria, rumando ao objetivo final – o que se verificou ao fim de quinze dias, quando alcançamos o porto de Gaza, que limita o Egito com a Judeia.

O restante da tormentosa viagem em terras judaicas, seguimos em linha reta até o Hebron.

Nossa propriedade situava-se ao sul, não muito longe da cidade, o que nos animou a seguir ao cabo de duas semanas.

Não compreendíamos a origem da estranha força que sustentara meu esposo naquela travessia aflitiva.

Os primeiros dias aqui foram particularmente dolorosos para mim. Félix piorara após a chegada com abatimento natural naquelas circunstâncias. A febre aumentava de intensidade a horas certas.

Já me desesperava quando, certa manhã, recebemos a visita de um jovem simpático, que nos procurava da parte de santo ancião, segundo ele afirmava, com visível emoção.

O primeiro era o nosso Josafá e o homem a que se referia não era outro que não Lisandro.

Coisas extraordinárias sucederam-se daí por diante. O mensageiro trouxera-nos pequeno frasco, contendo um líquido vermelho-escuro, com indicação para ser usado por Félix, em horário estabelecido.

O fato surpreendeu-nos, mas desconhecida força impulsionou-me, no sentido de atender ao imprevisto oferecimento, sem mais tardança.

Meu marido tomara o medicamento às primeiras horas da tarde.

Ao cair da noite, na primeira vigília, a febre baixara de modo sensível e no dia seguinte os sintomas febris haviam desaparecido para nunca mais reincidirem.

Félix estava salvo.

Júlia tinha os olhos molhados àquela evocação. A matrona interrompera o relato por alguns momentos, prosseguindo, emocionada, ante o silêncio das companheiras:

– Josafá apareceu mais vezes. Quando meu marido se encontrava totalmente recuperado fomos visitar o salvador de nossa felicidade, guiados pelo jovem mensageiro.

O acontecimento marcara solidamente as alegrias que hoje me perfumam a alma.

Lisandro era mais extraordinário ainda que a admiração de Josafá nos havia figurado, sublime na simplicidade, grande na bondade infatigável com que atendia aos infelizes que o buscavam no retiro abençoado. Velho já, encontramo-lo entregue a grosseiros afazeres manuais para a segurança do pão de cada dia. Seus olhos jamais nos pareceram cansados para a bela tarefa do estudo constante.

Nosso conhecimento com Lisandro fora altamente benéfico para mim e Félix. Logo aprendemos quão distantes do caminho legítimo do aperfeiçoamento nos encontrávamos.

Lisandro apontou-nos, sem rodeios, a necessidade de volvermos o coração para o Criador Único de nossas almas. Mostrou-nos com paciente generosidade, os diversos roteiros que atestam a existência de um Ser Superior, que é o Supremo Doador da Vida: aqui, uma florinha humilde ao lado de árvore gigantesca a beber recursos idênticos de vitalidade; ali, o inseto pequenino e o paquiderme imponente a usufruírem os privilégios do mesmo quadro garantidor da subsistência; acolá, o mar a conduzir múltiplas manifestações de vida; mais além, o céu bordado de astros, a oferecer o espetáculo esplendoroso da luz.

E bem junto, a criação mais importante da Divina Vontade: o homem – com faculdades próprias para a auto-subida aos céus da Eterna Vida.

Quantos anos Lisandro vem conduzindo nossas almas nesse esclarecimento constante, incansável!

Mas, um ano de conhecimento e convívio bastou para que o santo homem operasse em nosso íntimo prodigiosa mudança.

Conjurando-nos à compreensão dos princípios de Justiça, levou-nos a dar liberdade aos escravos que trouxéramos de Roma.

Felizmente, compreendemos, a tempo, tantos fatores importantes para a vida sadia e harmoniosa dessa centelha que vive e vibra em nós – a nossa alma.

Quando nossos servidores despediram-se, à saída do pátio

da Chácara, todos chorávamos. Alguns deles ajoelharam-se aos nossos pés, tomando-nos as mãos e molhando-as de lágrimas. O júbilo daquelas criaturas fora tão intenso, que se nos refletiu nos corações quais espadas de luz a penetrar-nos a sensibilidade para todo o sempre.

Compreendemos, então, praticamente, pela primeira vez, que todo bem que semeamos é um tijolo colocado no edifício eterno da felicidade individual.

As alegrias multiplicaram-se com as frequentes visitas a Lisandro. Coisas extraordinárias fomos aprendendo nesses encontros abençoados.

Júlia fizera novo interregno, que não fora interrompido.

A bondosa patrícia retomou a palavra, com simplicidade:

– A oportunidade de ambas soou também, queridas amigas. Não tardará o momento em que todos os corações serão bafejados pela brisa suave da alegria que não morre, através do conhecimento salvador...

Dessa feita, Ruth não pôde calar ansiosa indagação:

– Mas, como conhecíeis os fatos surpreendentes de hoje, antes mesmo de sua realização?

Ao longe, a Chácara das Flores aparecia, emoldurada por magníficas trepadeiras enflorescidas, como salvadora sugestão às pretensões de Júlia, no sentido de transferir para o dia seguinte a informação que lhe solicitavam.

Voltou-se a matrona para a jovem e esclareceu:

– Amanhã, iniciaremos o dia apanhando o fio da conversação que aqui interrompemos...

A bela servidora compreendera que, mais uma vez, devia esperar. E, como sempre, abafou dolorido gemido de impaciência, mudando a atenção para outro interesse imediato, que surgia na curva do caminho. Era o vulto branco de um cavaleiro muito conhecido, que apontava, qual estrela nova de luz e esperanças, para o coração da jovem escrava.

CAPÍTULO 10

Inquietações e júbilos

Ruth passara a noite em claro, no que fora secundada por Mira.

Todavia, impressões muito diversas tomavam aquelas almas. Ruth transferira a funda inquietude acerca de Marcos para a lembrança fascinadora de Josafá. Como o rapaz lhe parecera belo na montaria soberba, que o conduzia através de rotas conhecidas e de lugares ignotos! O moço parecia infatigável nas suas viagens. Grande curiosidade, em torno da vida de Josafá, assenhoreava-se da jovem idumeia. Via-o sempre na pele de viajor apressado. Dir-se-ia constantemente interessado em algum misterioso motivo, pois, a inquietação íntima ele a expressava na mobilidade singular dos olhos negros. O moço parecia muito distanciado do meio ambiente, na busca permanente de algo longínquo.

A moça compreendia, através de esquisita intuição, que não era ela o objeto daquela inquietude constante, o que lhe trazia importuna dor ao coração.

Na tarde anterior – refletia a formosa Ruth – Josafá encontrara o pequeno grupo, no regresso do Santuário de Lisandro. Ansiava por algumas palavras do rapaz, visto como jamais se lhe dirigira diretamente. Mas aqueles olhos às vezes assumiam terna expressão ao encontrarem-se com os dela. Era só, porém.

E Ruth não se contentava com tão pouco...

Esses pensamentos tomaram a cabeça da jovem durante as vigílias da noite, enquanto Mira suspirava, sinceramente atormentada pela sorte de Marcos. Bem sabia que o menino encontrava-se em excelente companhia, mas a situação parecia--lhe, agora que podia raciocinar melhor sobre as ocorrências da véspera, estranhamente difícil.

Pela manhã, as duas servas puseram-se de pé, entregando-se aos serviços que, espontaneamente, escolheram, sob a aquiescência benevolente da dona da casa, desde a chegada de Sebaste.

Buscavam as abnegadas criaturas absorverem-se noutras preocupações menos dolorosas para suas mentes cansadas da vigília.

Não tardou que Júlia as viesse encontrar, envergando elegante traje sob a fina manta branca de lã, que a abrigava da aragem fria da manhã.

– Então, queridas amigas, dormiram? – perguntou a matrona, com um sorriso de bondade.

Foi Mira quem atendeu com sincera afirmativa tão de seu feitio leal:

– Não. Pelo menos eu não dormi, senhora! As inquietações sobre o menino não me permitiram repousar.

O sorriso desaparecera dos lábios de Júlia, como o canto do pássaro, cuja garganta recebesse o golpe inesperado de impiedoso caçador.

– Julgava-te tranquila, desde ontem, minha boa Mira.

– A inquietação voltou a dominar-me, senhora... – asseverou a velha escrava.

A matrona acercara-se da servidora fiel e, abraçando-a ternamente, observou:

– Não há motivos sérios para essas preocupações, querida.

Marcos está muito bem na companhia do santo homem que é Lisandro.

A asseveração de Júlia expressava tanta confiança, que a alma da velha escrava começou a desanuviar-se.

Júlia prosseguiu, com entusiástico colorido na voz bem modulada:

– Cumpre-me pôr-vos a par dos acontecimentos para tranquilidade de ambas. Lisandro é tão extraordinário que conhece o passado e prevê com segurança o futuro das criaturas, como se fossem acontecimentos do presente.

Antes da chegada dos mensageiros de Copônio aqui, já tínhamos conhecimento das ocorrências em Sebaste. Sabíamos, então, que Marcos viria para nossa companhia, o que, aliás, nos encheu o coração de júbilos. Fomos informados de tudo por Lisandro – continua Júlia.

– Ele é, então, um profeta! – interveio Ruth com assombro e admiração.

– Sim. Ele é isso precisamente – anuiu a matrona. – Um profeta iluminado pelo estudo das criaturas e das coisas. Um intérprete de Deus esclarecido pelo Amor aos seres e ao Criador dos Céus e da Terra.

Júlia, com os olhos a fulgir de sublime respeito, prosseguiu:

– Não vos assusteis se eu garantir-vos que não existe no glossário das tradições sagradas de todos os povos homem mais santo que Lisandro!

– Realmente extraordinário tudo quanto nos dizeis sobre esse ancião, senhora! – exclamou Mira, sinceramente impressionada.

– Não vos posso informar acerca de inumeráveis coisas extraordinárias sobre o ancião. Seria muito para as vossas mentes, por enquanto. Contudo, o tempo e a observação apontam o caminho luminoso do entendimento às almas desejosas de aprenderem.

Mas – continuou Júlia – é necessário saibais que Marcos é um Espírito assinalado pelo Supremo Poder para grandes cometimentos na jornada entre os homens. O menino é como um serafim que, em veraneio pelo mundo, aproveitasse o tempo de recreio para serviços do Amor, a benefício de todos.

– O menino é um verdadeiro anjo! – exclamou Ruth, com entusiasmo.

Júlia completou o pensamento da jovem, acrescentando:

– Para confirmação do que dizes basta saber que cerca de duas centenas de escravos retomaram voo livre, através da bondade de Marcos.

– Como sabeis desse fato, senhora? – indagou Mira, surpresa.

– Foi Lisandro – respondeu Júlia. O ancião transmitiu-nos que o fato assinalava o marco de grandes acontecimentos favoráveis a muita gente, inclusive ao próprio Copônio...

– Nesse pormenor não foi acertada a previsão de Lisandro! Nosso pobre amo deve comparecer aos tribunais romanos... – acentuou Mira, reticenciosa...

– Lisandro nunca faz referências às facilidades do mundo como fatores de benefícios. Estes se enquadram sempre nas renúncias e sacrifícios. Entendes? – esclareceu judiciosamente a matrona.

– Quereis dizer que nosso amo fez-se credor de futuras regalias celestes pelo desprendimento e coragem com que se houve na libertação dos escravos? – perguntou Mira, interessada.

– Mais ou menos isso, querida amiga – confirmou a patrícia. – O que Copônio fez representa muito, mas não é tudo perante a Divina Justiça. Há muito trabalho a concretizar, muito esforço a movimentar-se no mundo sagrado de nossos sentimentos para que a verdadeira luz da santificação nos banhe a alma de esplendores novos...

Júlia deixara o pensamento em suspenso, aguardando a interferência de uma das interlocutoras atentas.

Mas a deixa ficara em branco. Ambas achavam-se por demais absorvidas na meditação dos extraordinários fatos para se ocuparem em observações outras. Dir-se-ia que o cérebro não lhe comportava o volume de outras preocupações.

Mas, Júlia achou prudente completar as informações, aduzindo:

– Lisandro enviou-nos Josafá a comunicar-nos a boa nova sobre a ida de Marcos para sua companhia, afirmando que as coisas se encandeariam de tal maneira, que o acontecimento se daria em pouco tempo. Esperássemos e o próprio Marcos daria os primeiros passos para a concretização da profecia.

– Assim aconteceu, realmente – anuiu Mira, assombrada, em cujos olhos brilhavam agora centelhas de esperanças e alegrias.

CAPÍTULO 11

Novas esperanças

A convite de Lisandro, Marcos sentava-se todas as tardes à soleira da porta modesta, após os trabalhos santificantes do dia.

Ali conversavam horas inteiras até o final da primeira vigília noturna, quando as estrelas já haviam tomado posição, no eterno cortejo de luzes pelo firmamento sem máculas.

O menino adorava as informações acerca dos companheiros de ideais do generoso ancião.

Ficara sabendo que a seita era relativamente nova, havendo surgido depois de outras facções religiosas da Judeia – a dos saduceus e a dos fariseus – cujos princípios divergiam frontalmente da fúlgida seita de Lisandro.

O ancião confiara ao pequeno discípulo que o Pai incumbira-os da tarefa do preparo dos corações para o advento da Grande Estrela. Porque as consciências carregavam-se de pecados e as mentes precisam da iluminação pelos conhecimentos espirituais, a fim de que o Viajor Celeste encontre o caminho terreno mais arejado, os corações preparados para o entendimento da Grande Lição redentora.

Para a concretização do objetivo sublime aqueles homens vieram de outras terras, reunindo-se sob os céus de Israel, cujo solo receberia a graça de ser pisado pelo Messias. Procediam esses missionários da Vontade Divina de vários países, tais como: Pérsia, Síria, Grécia, Alexandria e outros centros avançados do saber humano, trazendo imenso cabedal de experiências científicas e filosóficas, que oferecem a quantos desejem receber a dádiva do conhecimento.

Os olhos de Marcos tornavam-se chamejantes, qual belo par de setas, que ganhassem as alturas infinitas dos espaços, a subir sempre em vertiginosa viagem, sem saber até que ponto e distância a força penetrante do entusiasmo as conduzirá.

O menino sentia-se altamente preocupado em ouvir Lisandro. Como a doce voz do ancião lhe penetrava o íntimo!

A tarde do décimo dia da permanência de Marcos, na morada singela de Lisandro, fora-lhe particularmente inesquecível.

Achavam-se sentados à soleira humilde e o Sol descambava no horizonte límpido, semelhando-se a gigantesca tocha às mãos de prodigioso corredor, a empreender fantástica maratona, pelos caminhos conhecidos do campo celeste. O crepúsculo propiciava temperatura ligeiramente amena.

Os dois companheiros contemplavam a descida do Astro da Vida, com sagrado respeito, sob as harmonias do silêncio. Muito tempo ficaram no recolhimento estático, como que receosos de quebrar o encantamento daquele divino instante.

Lisandro observou, em voz baixa:

– Marcos, meu filho, sentimos a grandeza indefinível do Poder Divino. Todavia, bem pouco conhecemos dessa Potência, que nos oferece tantas maravilhas...

Após ligeira pausa, o ancião concluiu:

– Teu coração conhece agora a presença do Pai Divino – Único e Eterno – e não podes duvidar da Sua Onipotência...

– Sim, amado mestre, depois que me mostrastes tantos testemunhos do Poder Superior, como duvidar d'Ele? – anuiu o menino, com os olhos postos na linha do horizonte, onde o atleta miraculoso penetrava o último marco da corrida espetacular, conduzindo à meta final a tocha do triunfo...

— Agora, meu filho, torna-se imprescindível a tua entrada no terreno prático do aprendizado. Amanhã mesmo conduzir-te-ei ao nosso povoado, não longe daqui. Entrarás em contato com outros meninos de tua idade, aprendizes dos princípios vigentes em nossa seita, segundo os quais todo candidato à espera da Grande Estrela deve preparar-se para o evento sublime. Todos estudam com alegria as ciências fundamentais e penetram o mundo encantador dos sons, aprimorando a divina arte musical. Quando o Cordeiro de Deus chegar é necessário encontre os pastores, entoando belas melodias nas avenas humildes, enquanto o aprendiz dedica-se também à lavoura, aos trabalhos de tear e da cerâmica. O lema daquele que aguarda a chegada do Messias nesta seita é: Mente e mãos ocupadas, sob a grande voz do silêncio.

As últimas palavras de Lisandro foram sublinhadas por significativo sorriso.

Marcos indagou, ansioso:

— Ficarei lá, então? Oh, sofrerei muito se tiver de deixar--vos!

Lisandro estremeceu, mas reaprumou-se logo, observando, carinhoso:

— Será o primeiro sacrifício, meu filho. Saibas que muitos outros serão exigidos de tua coragem, que se fortalecerá no devotamento à causa da Grande Espera, através do trabalho e do estudo. Todavia, amado filho, não nos assiste o direito de violentar-te a vontade. Farás o que a consciência aconselhar-te. O livre arbítrio é sagrada faculdade, doada à criatura por divina concessão...

Os olhos expressivos de Marcos brilhavam, demorando-se na primeira estrela, que surgira de inopino no céu sem nuvens. O olhar molhado semelhava-se-lhe ao oceano: refletia na superfície azulada a profunda agitação interior.

Como dizer a Lisandro que não desejava, por nada no mundo, sair-lhe do lado?

Mas sabia que o amigo não aconselhava uma coisa injusta. Tudo que falava era certo. Terrivelmente exato e necessário... Como foram suaves e bons aqueles dias de convívio com Lisandro! Certamente não teria o menino outros semelhantes, nunca mais...

A essa altura das ilações silenciosas de Marcos, o ancião obtemperou, indo-lhe, mais uma vez, ao encontro dos pensamentos doloridos:

— Os teus dias, meu filho, serão sempre luminosos. Mesmo quando tiveres de provar o cálice do sacrifício supremo. Aquele que espera o Divino Enviado nos trabalhos sublimes da própria santificação, jamais terá tristezas duradouras. Estas serão passageiras como os ventos frios e esporádicos, que descem do norte e são envolvidas pelas brisas mornas do sul.

O menino assombrou-se com a singular faculdade do ancião de penetrar-lhe os mais íntimos pensamentos, embora houvesse recebido outros atestados, em várias oportunidades.

— Como podeis sondar-me os pensamentos mais escondidos, Mestre? — indagou Marcos emocionado.

— Teu coração é um livro aberto para o meu. Nele leio como se tivesse diante dos olhos a página querida de um livro precioso. Porque nos entendemos e nossas almas se entrelaçam em raízes muito antigas, que vitalizam a grande árvore do Amor, dentro do solo dos séculos...

A reticência propiciava a deixa, era quase um convite para novas indagações. Marcos não se fez de rogado e aproveitou o ensejo para dessedentar-se naquela fonte de Saber e Bondade, rogando:

— Explicai-me como pode ser isso! Há coisas que não entendo... às vezes não vos compreendo!

Lisandro atendeu, generoso:

– Queres começar pelo fim, meu filho. Não entraste em contato com as lições elementares, como entender a última página da grande ciência da Vida? Por isso mesmo provoquei-te o choque, abordando propositalmente o mais alto tema dos conhecimentos essênios. Precisavas ser tocado pela necessidade inadiável do aprendizado, sob o método e as regras de nosso Manual da Disciplina.

Após meditar uns momentos sobre as informações do ancião, Marcos indagou com ingênuo toque na voz terna:

– Aprenderei um dia a ler a grande voz do silêncio, como sempre fazeis?

Lisandro abraçou o interlocutor querido e esclareceu, sorrindo:

– Como não? Entrarás logo nos primeiros exercícios, se estiveres disposto ao ingresso na seita...

Marcos acentuou quase alegremente, com os olhos brilhantes:

– Sempre tendes razão, amado Lisandro! Farei o que me ordenardes.

O velho apertou o companheirinho sobre o valoroso coração sem uma palavra.

Se Marcos já conhecesse a sublime ciência de ler os pensamentos, na grande voz do silêncio, ouviria a alma de Lisandro a endereçar ardente prece ao Senhor, assinalando-lhe a gratidão pelos júbilos daquela hora.

As estrelas pontilhavam o firmamento e pareciam enviar àqueles corações silenciosa mensagem de luz e esperança.

CAPÍTULO 12

No povoado essênio

No dia seguinte, Lisandro conduziu o menino ao povoado essênio, a leste de Hebron, a cinco dezenas de estádios da morada do ancião.

Os dois companheiros empreenderam a caminhada a pé, sob a frescura trescalante e suave da manhã.

De quando em quando interrompiam a marcha, voltando-se a fim de apreciar a magnificência das montanhas, que se situavam na retaguarda e que se constituíam na única nota de vida daqueles ermos. A zona ali semelhava-se a pequeno deserto, onde predominava a vegetação rasteira.

A jornada era longa e algumas horas de caminhada foram gastas no objetivo visado.

Quando o casario branco surgira à pequena distância, aquém do fundo azulado do mar, o menino sentira alvoroço irreprimível no coração. Não havia aprendido ainda o controle das emoções como fazia Lisandro, cuja serenidade proporcionava-lhe uma auréola de paz permanente.

– Marcos, meu filho, nossa viagem está chegando ao término. Põe cobro às batidas mal educadas de teu coração. Isto faz mal à saúde do corpo e desequilibra a mente.

Lisandro expressara-se com leve sorriso, como o fazia sempre que surpreendia os pensamentos do menino.

Marcos estremecera ligeiramente e sorriu também, mas não proferiu uma só palavra.

As casas muito brancas, vislumbradas a muitos passos à frente, pareciam desabitadas. Grande silêncio banhava aquelas paragens melancólicas.

O coração do menino confrangera-se dolorosamente à ideia de que ficaria ali, distante dos entes mais queridos de sua alma.

Lisandro interpôs-se mais uma vez, às reflexões íntimas do companheiro amado, asseverando-lhe:

— Muitos corações chegados ao teu esperam-te aqui, meu filho...

O menino sorriu, francamente. Na verdade, era um perigo pensar junto de Lisandro...

Haviam atingido o povoado e passavam defronte a dezenas de casas silenciosas, cujas portas e janelas achavam-se abertas de par a par.

Marcos indagou, surpreso:

— Onde estão os moradores?

— Os adultos – atendeu o ancião – encontram-se nos campos, próximos da vertente oriental das montanhas que ficaram para trás e os meninos adolescentes trabalham na cerâmica, que se localiza a poucos estádios daqui, quase às margens do mar.

— E as mulheres? – perguntou o menino.

— As poucas mulheres do povoado são assalariadas e, possivelmente, acham-se entregues aos labores do tear ou nos trabalhos domésticos. Contudo, a maior parte dessas casas encontram-se vazias, até que os ocupantes cheguem das tarefas diuturnas.

Marcos arregalou os olhos, na dilatação da surpresa:

— Como?! Casas totalmente abertas, sem os donos para garantir-lhes a segurança?

— Aqui não há necessidade de vigias, filho. As propriedades pertencem a todos, os vestuários são usados em comum. A divisa social de nossa gente é: Todos por um, um por todos. Entendeste?

— A vida aqui deve ser extraordinariamente bela! – admitiu Marcos, com entusiasmo.

— Tão bela, meu filho, que é necessário ter-se o coração preparado para compreendê-la e senti-la! Nossa seita conta quase três séculos de existência e não possui mais de quatro mil adeptos. Embora não seja de nossos princípios a seleção de valores, esta se impõe pela força dos próprios fundamentos da organização.

Lisandro falava com naturalidade, como se o interlocutor fosse adulto. E Marcos recolhia-lhe as informações preciosas com grave serenidade, em correspondência aos sentimentos avançados do ancião.

Achavam-se à frente de grande construção, quase imponente nas linhas clássicas, semelhantes às do estilo com que Fídias marcara o famoso templo de Minerva. O edifício se destacava dos demais pelo tamanho e pela localização. Era a mais ampla de todas e situava-se no centro da povoação.

Aquela casa rompia alegremente, as alturas e as portas largas, que lhe rasgavam as paredes, deixavam a visão livre para o salão de entrada, circundado por colunas jônicas.

Lisandro explicara que as colunas foram construídas com argila, que as mãos hábeis dos artífices essênios fabricavam à base de areia lavada.

O coração de Marcos agitava-se num crescendo de entusiasmo e interesse.

— Começo a compreender agora quão vazia era minha vida! – exclamou o menino, fascinado por tudo quanto recolhera da sabedoria de Lisandro.

— Tudo tem hora determinada, meu filho – esclareceu

Lisandro com carinho. – O fruto que se desprende da haste; o movimento da planta humilde; o rolar da pedra na montanha vertiginosa; o seixo que muda de lugar no fundo do rio; o peixe pequenino e indefeso que vai ter à boca do grande cetáceo esfaimado – tudo obedece a um plano delineado. Se aos seres das camadas inferiores acontecem dessas coisas – que dizer da criatura humana que já sente de mais perto o facho da vida? Que já percebe a centelha vital que tantos milênios dormitou nas pedras, vibrou nos vegetais, para depois despertar nos animais?

Lisandro esclarecia, enquanto rumava para frente, desejoso de apresentar ao hóspede querido todo o povoado. Várias habitações desfilaram aos olhos de Marcos, que caminhava paralelo ao ancião.

Observou ele que as moradias eram semelhantes e situavam-se a boa distância umas das outras, formando duas fileiras laterais de regular extensão.

A um pensamento indagativo do menino, Lisandro atendeu, solícito:

– A equidistância das habitações obedece aos princípios básicos de saúde, que observamos com rigor. Embora todos se considerem membros de uma só e grande família, vivem em função desses preceitos de higiene, separados em número reduzido em cada morada.

– Nossa casa em Sebaste – disse Marcos – abrigava quase duas centenas de pessoas, contando com os escravos, que Papai devolveu às suas pátrias...

Lisandro asseverou, sorrindo:

– Muitos narizes a recolher e a expelir o mesmo ar – doenças à porta...

Marcos mostrara-se desejoso de entrar numa daquelas casas, que se lhe mostravam acolhedoras e alegres, assim observadas de perto.

O ancião atendeu prontamente, conduzindo o menino à habitação mais próxima e esclareceu, benevolente:

– Verás depois, por teus olhos, que entrar numa dessas casas é o mesmo que penetrar em todas. São perfeitamente iguais...

Marcos atingiu os umbrais claros da residência, acompanhando os passos ainda ligeiros do ancião.

O interior não era menos agradável que a vista exterior. Dir-se-ia que algum artífice famoso houvesse veraneado por ali, marcando sua presença com o toque de beleza simples, que lhe assinalava o bom gosto a expressar-se nos detalhes daquela casa quase humilde.

As paredes, que dividiam os aposentos, eram claras e lisas. O traço ornamental da construção eram as colunas, mais numerosas que as paredes, e se destacavam, graciosas, no interior.

Mãos habilidosas haviam cuidado, com esmero, dos desenhos discretos, que se alongavam colunas acima, tocando-lhes os capitéis, como se ali estivesse a cópia de bela ânfora em que se retratasse a paisagem arquitetônica grega.

No entanto, a singeleza evidenciava-se nos mínimos detalhes.

Marcos impressionara-se alegremente com aquele primeiro contato com o interior residencial essênio.

Aquela casa talvez fosse a futura habitação do menino...

Lisandro, todavia, intervém, observando:

– Temos as nossas leis, meu filho, a que prometemos obediência absoluta. Tua permanência em nosso meio deve ser assinalada em todo o povoado. Serás hóspede de todos. É o imperativo do aprendizado prático, que assim o exige.

Marcos não retrucara, mas pusera-se apreensivo. Aquilo era diferente de tudo quando havia visto até então. A alma forte, porém, retemperava-se-lhe ao simples influxo do olhar de Lisandro, que o abraçou ternamente, em silêncio.

Marcos falou, após ligeira pausa:

– Quando chegarão os moradores?

– Estarão de volta quando o sol houver transposto a linha do horizonte – atendeu Lisandro.

Enquanto aguardavam a chegada dos companheiros, foram ver o resto da casa.

Penetraram de mãos dadas, todos os aposentos, aliás, em número reduzido. Eram arejados e limpos. Um deles – o mais amplo – achava-se ocupado por esteiras caprichosamente confeccionadas de fibras vegetais e cobertas por alvíssimo tecido grosseiro.

O aposento, ao lado direito do salão de entrada, era tomado por bancos de madeira, onde se podiam notar discretos desenhos manuais. Pequena mesa, ao centro da sala, fazia adivinhar o recanto sagrado dos estudos.

Assim era, segundo a informação de Lisandro.

– Nesta sala se resume a vida essênia. Terás disso sobejas provas mais tarde, meu filho.

A Marcos pareceu, pelo tom da voz do ancião, que o generoso amigo, após aquela informação, nada de mais importante teria de revelar-lhe naquela hora de estranhos júbilos.

O menino deixou-se ficar num daqueles bancos trabalhados com acentuado gosto artístico.

Lisandro retirara do capitel de uma coluna, fronteira ao aposento, um rolo de pergaminho e o desdobrava com visível interesse.

Marcos fechou os olhinhos cansados. Mas, o coração estava bem desperto para as maravilhosas impressões que o banhavam generosamente.

CAPÍTULO 13

Carinhosa recepção

O coração de Marcos achava-se positivamente indócil naquele dia de grandes emoções.

Após algumas horas de recolhimento íntimo, em que chegara a cochilar, naquela sala acolhedora da residência essênia, acontecera finalmente o grande momento do regresso dos companheiros de Lisandro.

Mavioso coro de vozes juvenis alteava-se não longe dali, anunciando a chegada dos trabalhadores da cerâmica.

Marcos chegara à janela ampla da sala, com o objetivo de divisar os alegres cantores.

De fato, lá vinham as turmas dispostas em fileiras bem organizadas, à maneira de pequeno destacamento de legião romana, em marcha para longínquas conquistas.

O menino compreendera, fundamente tocado, o sentido da disciplina, cujo atestado saltava à primeira vista.

Os tarefeiros traziam às espáduas pequeno embornal. Vinham do trabalho; contudo, as vestes eram brancas e limpas.

Marcos sentira, sem esforço, a alegria pura que tomava aqueles adolescentes.

Como devia ser diferente a vida ali!

E a lembrança de Glauco passara à mente do menino. O irmão só pensava nos folguedos insípidos dos jogos.

Sem que o percebesse, as evocações fluíam-lhe da mente, enfileirando-se cenas diversas do palácio de Sebaste, inclusive as em que o genitor querido se envolvera.

Marcos fitava a pequena caravana, agora bem próxima dali, sem nada ver. Tinha os olhos pejados de lágrimas.

Lisandro acercara-se do menino, sem que este desse pelo fato. O ancião passou-lhe as mãos calosas, mas surpreendentemente leves, pelos cabelos e acentuou, carinhosamente:

– Esta noite encontrarás teu pai, em sonho. Serás confortado pelos beijos do grande amigo de teu coração...

A chegada repentina do genitor não teria proporcionado tanto júbilo à alma do menino como aquela comunicação de Lisandro.

Habituava-se à confiança junto do ancião e não indagou de pormenores. Sabia que Lisandro jamais se enganava, podendo, pois, confiar inteiramente nas suas palavras.

Leve sorriso brilhou nos lábios do jovenzinho e foi refletir-se-lhe nos olhos suaves, onde não havia mais lágrimas.

Entrementes, os regressantes atingiram o centro do povoado, conduzindo maravilhosa onda de paz e alegria, que se transmitia a tudo e a todos.

De algumas habitações surgiram mulheres às portas para assistirem aos júbilos da chegada.

O grupo numeroso distribuíra-se em largo círculo, no centro da pequena praça, que era ladeada, até certa altura, por casas brancas, terminando na parte superior pelo edifício maior.

Marcos não havia atinado ainda com a razão daquele movimento, quando Lisandro informara, atencioso:

– Acontece assim, todas as vezes que recebem um novo companheiro...

O ancião tomara as mãozinhas geladas de Marcos, com leve e carinhoso toque, significando-lhe o empenho de conduzi-lo ao local, onde se aglomeravam os habitantes do povoado.

– Vamos até lá, meu filho. Eles esperam por nós!

Minutos após, os dois se achavam reunidos ao grupo.

Alegre saudação ecoou pela atmosfera azul, como harmonioso coro celeste:

– Salve, Marcos! Sê bem-vindo!

O coração do menino teimava em não se aquietar dentro do peito. Estava mudo pelo espanto.

Lisandro veio-lhe ao encontro das dificuldades, intervindo generoso:

– Este menino tem muito o que aprender aqui... e a primeira coisa será educar o coraçãozinho, que sabe sentir com pureza, mas não pode deixar de dançar muito, nas horas de emoções...

Um riso unânime acentuou ainda mais aquela nota de fraterna acolhida, assinalando a singeleza da apresentação de Marcos aos novos companheiros.

Um deles se adiantou do grupo, aproximando-se dos recém--chegados. As faces queimadas do sol e iluminadas por discreto sorriso.

Era um jovenzinho, que exclamou alegremente:

– Vais gostar daqui, Marcos, porque já te amamos!

Aquela afirmação espontânea apanhara o coração do menino em cheio.

Lisandro percebera-o e sorriu, alegre, e batendo suavemente nos ombros do companheirinho espantado, observou:

– Cuidado com esse malcriadinho que tens aí dentro do peito! Um dia, ele sai a passear e deixa-te sozinho!

Nova explosão de alegria encheu os ares de notas cordiais, enquanto o grupo tomava a direção das residências.

Lisandro acompanhara alguns companheiros adultos, ao mesmo tempo que apontava um grupo de jovens a Marcos, como a indicar-lhe outro rumo.

Sem esperar a natural reação do menino, acrescentou, sorrindo:

– Agora forraremos o estômago. Até logo mais, meu filho!

Marcos sorriu e tomou a rota dos companheiros.

Logo penetraram o interior da casa fronteira a em que estiveram, ele e Lisandro, pela manhã.

Os jovens dirigiram-se ao aposento, onde se alinhavam esteiras, em tudo semelhante às da outra residência. Saíram dali preparados para a refeição frugal, que se encontrava sobre a pequena mesa, talhada em madeira clara.

O repasto compunha-se de frutas e pão de trigo. Um vaso de suco de uvas aparecia ao centro da mesa disposta.

Sentaram-se todos, o mesmo fazendo Marcos, atendendo a um aceno geral, que valia por convite cordial.

Um dos jovens pronunciou ligeira oração, que o menino acompanhou, dentro de respeitoso silêncio íntimo.

A refeição decorreu em silêncio absoluto.

Marcos, servido com solicitude fraterna pelos novos companheiros, gozava a doce e envolvente impressão de bem-estar interior, como se aquela cena familiar houvesse pertencido sempre à sua vida.

Findo o jantar singelo, um dos jovens dirigiu-se ao recém-vindo, com simpatia:

– Marcos, nossa vida é muito simples. Talvez te surpreendam a nossa maneira de ser, a nossa frugalidade...

– Nem por sombra! Isto tudo se me afigura muito conhecido e familiar! – retorquiu o menino, com alegre entonação de entusiasmo.

– Verás, daqui por diante, que a vida essênia é completa e interessante. Não há tempo para aborrecimentos. Além de tudo, nossos corações se encontram plenos de esperanças, aguardando a Grande Chegada do Cordeiro. A esperança é flor miraculosa que perfuma o ideal, conduzindo as almas aos jardins eternos do encorajamento e da alegria...

As últimas palavras do jovem ficaram pairando no ambiente acolhedor, agraciado pelas luzes da fraternidade.

O jovenzinho da direita expressou também a simpatia pelo novo companheiro, tratando de trivialidades, que deviam interessar desde já ao companheiro, esclarecendo:

– Trabalhamos o dia todo numa cerâmica de propriedade da seita, cuja renda ajuda o provimento de todo o povoado.

Temos lá – continuou o rapazinho – equipamento rudimentar para banho, conservado em casebre rústico, situado nas proximidades de nossa piscina, a dois estádios do local de trabalho. Após as tarefas diuturnas, banhamo-nos e lavamos as peças usadas do vestuário, que servirão para o dia seguinte. Cada grupo cuida do vestuário comum, pois não existe entre nós a preocupação de guarda-roupa individual, felizmente...

Marcos ouvia com atenção, mas sem se surpreender. Uma certeza avolumava-se-lhe no coração: já vivera aquela simplicidade encantadora, onde quer que fosse...

O jovem, sentado defronte ao recém-chegado, atento à conversação, observou, gentil:

– Marcos não conhece ainda os nossos nomes, irmãos!

Todos riram ante a lembrança carinhosa e passaram a emitir os seus personativos.

Incrível como pareça, aqueles nomes não eram estranhos aos ouvidos de Marcos como os respectivos indivíduos. Todos lhe pareciam velhos amigos...

Nicanor, Demétrio, Fábio, Josuah, Ramil e Eleutério – todos

se achavam incluídos, naturalmente, sem esforço, no quadro da mais perfeita simpatia, que ornamentava o coração de Marcos.

Fábio – que parecia o mais velho da turma – adiantou-se aos companheiros, garantindo, alegre:

– Marcos, meu caro, hoje temos reunião extraordinária na praça e, presumivelmente, haverá grandes novidades!

– Que bom! Temos tido tantas coisas agradáveis hoje! – aduziu Marcos, com sinceridade.

Eleutério, um judeuzinho simpático, natural de Masada, em cujos olhos se espelhavam inteligência e agudez de raciocínio, asseverou, entusiasmado:

– Todas as vezes que Lisandro vem aqui, temos reunião extraordinária na praça, a fim de que todo o povoado participe dela.

– Lisandro vem ao povoado com frequência? – perguntou o menino.

Fábio exclamou, gentil:

– Não. Ele só nos visita quando há algum acontecimento excepcional, ou alguma notícia de extraordinária importância a transmitir-nos.

– À hora em que o Sol houver desaparecido no poente, estaremos todos juntos a Lisandro para ouvi-lo... – acrescentou Demétrio, jovem de bela aparência física, de cuja cabeça evolava-se uma corrente de misticismo e suavidade tão acentuados, que até a Marcos não passara despercebida, naqueles primeiros momentos de convívio.

O recém-vindo pusera-se em recolhimento, acompanhando o ritmo do ambiente, ungido de respeito, oriundo, principalmente, da expectativa, em que se situavam aqueles jovens corações.

CAPÍTULO 14

A palavra de Lisandro

Após um banho frio nas águas convidativas do poço, situado na grande área, que se estendia ao fundo da casa, Marcos se encaminhou, com os jovens companheiros, à praça.

Envergara uma das túnicas do grupo, reservadas para ocasiões imprevistas.

Não prescindira das sandálias finas, que trouxera de Sebaste.

Nesse sentido, nenhuma alusão recebera dos amigos, talvez por isso nem se apercebera que era o único a trazer os pés calçados.

À praça já acorreram alguns adolescentes de fisionomia iluminada por olhos cheios de entusiasmo. Um grupo de senhores, de suave aparência, aproximara-se do menino com o evidente intuito de se colocarem em contato amistoso com ele.

Efetivamente, Marcos vira-se empenhado junto às demonstrações de fraternal acolhida, por parte daqueles corações, que lhes endereçavam palavras carinhosas de boas vindas.

Alguns minutos durou o colóquio fraterno até que Lisandro apontou na esquina da direita acompanhado de numeroso grupo. Àquela altura já a praça se convertera em pequeno forum, em dia de festa, com desusada movimentação.

Mas, a chegada do ancião produziu a instantânea organização da assistência, em disciplinada fileira semicircular, em torno do amado visitante.

Lia-se nas fisionomias vivo interesse, mesclado de alegrias profundas. A presença de Lisandro era mais que um privilégio – constituia-se em graça autêntica dos Céus, que os essênios bendiziam, no íntimo das almas enobrecidas por ideal alevantado, que talhavam na rocha do trabalho e da disciplina mais rígida.

O ancião colocara-se ao lado do menino patrício, em quem os companheiros adivinhavam o obreiro de alto quilate para as searas do futuro.

Era muito significativo o fato de Marcos vir ao povoado pelas mãos de Lisandro, compreendiam todos.

O ancião começou a falar, interpondo-se às reflexões dos mais velhos, afirmando sereno:

– Irmãos! A vida é divina expressão da Misericórdia do Criador. Muitas vezes, os júbilos se tornam mais expressivos. Estamos vivendo um desses momentos sublimes.

A Complacência Divina houve por bem agraciar-nos com a inclusão de mais um companheiro para as grandes jornadas do Bem.

Após ligeira pausa, que ninguém ousou interromper, o ancião enlaçou o menino e prosseguiu:

– Aqui está nosso Marcos. Por enquanto, ele necessita de nossa ajuda a fim de que seja nosso amparo e nosso arrimo, no porvir...

Essas palavras penetraram o coração de Marcos, como o perfume da florinha agreste, que aromatiza o ambiente, sem causar dano. O menino não entendera o alto sentido da afirmação do Mestre, mas pressentia que, naquela hora, colocavam-lhe, aos ombros, o peso de grave responsabilidade.

Todos os olhares convergiram-se para o jovem hóspede, com simpatia indisfarçável e respeito instintivo.

Mas, Lisandro retomara o fio das atenções:

– Irmãos, ficarei convosco até amanhã, às primeiras horas da noite, à chegada de Josafá. Desta vez, nosso amado mensageiro nos trará a mais bela, a mais importante das comunicações, que já nos foi dado receber.

Aquelas palavras, pronunciadas num tom de suavidade penetrante, sublinhadas por lentidão característica, produziram um choque nos corações luminosos, que se concentravam em alvissareira expectativa.

Que novidades traria o mensageiro?

Lisandro devia conhecê-las, mas não desejava antepor-se aos acontecimentos possíveis...

O velho prosseguiu, bondoso:

– Bem vos avalio a ansiedade, amados irmãos, contudo a Divina Vontade nos aconselha prudência e calma, mesmo nos momentos de alegrias.

Busquemos, pois, a paciência e a discrição como armas indispensáveis aos grandes triunfos da iluminação íntima. Somos pequeninos tarefeiros e não senhores da Vinha. Nossa obrigação imediata é a de preparar o caminho do Salvador autêntico.

Ao jornaleiro cumpre a obediência irrestrita a fim de que ao fim do dia não lhe seja o jornal restringido por falta de integral observância ao regulamento estatuído pelo Dono da Seara...

Nosso ideal – continua Lisandro – reclama devotamento incondicional. Vontades enfraquecidas pela impaciência são frutos extemporâneos, que cairão antes do tempo, sem produzir algo de útil.

Assim, fortaleçamo-nos na invocação sincera aos Anjos do Altíssimo, objetivando a vitória sobre nossas imperfeições.

Irmãos – prosseguiu Lisandro com voz pausada e firme –, bendizendo ao Pai pelas dádivas de cada hora, entreguemos nosso corpo ao repouso desta noite, confiantes nas sublimes alegrias do amanhã.

Louvado seja o Criador de nossas almas eternas!

As últimas palavras de Lisandro vibraram, sonoras, como se fossem repetidas por invisível coro de Entidades angélicas.

Em poucos minutos, a praça ficara vazia, dentro de absoluto silêncio.

Os grupos encaminharam-se para os alojamentos respectivos.

As estrelas brilhavam, portentosas, no firmamento como que aguardando a grande mensagem de Josafá.

CAPÍTULO 15

Encontro jubiloso

Verdadeira festa de luzes se projetava do céu coalhado de estrelas, penetrando a atmosfera, que era toda uma estrada poeirenta de grãos luminosos.

Esteiras pobres estendiam-se pelo aposento claro, equidistantes dez palmos umas das outras. Das janelas abertas, par a par, podiam os jovens admirar, em silêncio respeitoso, o espetáculo soberbo, que o pálio celeste oferecia-lhes ao coração.

Demétrio, no centro do quarto, pronunciara tocante invocação ao Senhor da Vida, em louvor aos júbilos daquele dia, no que foi secundado pelos companheiros.

Marcos recolhera, com reconhecimento, aquela generosa fonte de belezas indefiníveis, com que lhe brindavam a sensibilidade. Nos olhos claros apontaram duas lágrimas cristalinas, como gemas brilhando à suave claridade estelar, que banhava o aposento humilde. O coração do menino acompanhava as palavras de Demétrio, com respeito.

Recolheram-se todos, silenciosamente. Logo estavam adormecidos, inclusive o novo companheiro, amparados por incomparável deslumbramento.

Pelas mãos de Lisandro, Marcos estacionava, de encantamento em encantamento, à maneira de ave, que, atingindo grandes altitudes, divisasse paisagens sempre renovadas.

Não precisavam de galera para atravessar o Mar Grande. Estavam tão leves, que podiam locomover-se com a rapidez do vento. Em poucos minutos atingiram a Península, penetrando na Cidade de Mármore de Augusto. Era a primeira vez, que a visão assombrada do menino divisava as maravilhas que o engenho de vários povos brindara a Capital do Mundo.

O ancião diminuíra o ritmo de velocidade no sistema de locomoção. A marcha pelas ruas adormecidas da cidade magnífica fizera-se lenta e descansadamente, como a de dois transeuntes em passeio pelo Forum Romanum.

A princípio, silenciosos, ambos observavam os monumentos, que se distribuíam em todas as direções, pela área do Forum.

Junto à imponente construção sustentada por colunas coríntias, Lisandro esclareceu:

– Eis o templo, onde os romanos adoram a deusa Vesta, com o máximo requinte de luxo...

– Maravilhoso! – exclamou Marcos.

– Contudo – redarguiu Lisandro –, nossa percepção espiritual não pode ainda avaliar os séculos em que Roma estacionará no culto da pompa...

E a voz do ancião vibrava, em dolorido acento de desesperança.

Penetraram, em seguida, a Via Sacra. Armazéns de luxo e lojas de cambistas e joalheiros se alinhavam, pitorescas, em torno.

De uma só vista de olhos, os viajantes apanharam os monumentos, que Lisandro enumerava, paciente:

– O Tabularium é aquele do oeste. O do sul é o Porticus dos Doze Deuses...

– E o monumento acima do Tabularium? – indaga Marcos, interessado.

– É o templo de Jano... – explica Lisandro, benevolente.

Logo em seguida, pararam frente a uma construção de aspecto luxuoso e austero, mas onde se adivinhavam lúgubres emanações de sofrimento, verdadeiro contraste com a riqueza do monumento; viam-se dois homens seminus, pés atados à cadeia de ferro, à porta do edifício imponente.

– São escravos, que vigiam noite inteira a casa da justiça romana, onde numerosos sentenciados, às vezes, de linhagem, cumprem pena de reclusão – observou Lisandro.

O coração de Marcos apertou-se, doloridamente, à ideia de que seu paizinho querido ali estivesse.

O ancião interveio, solícito:

– Não te amargures, filho. Prepara-te para as alegrias do reencontro, a fim de que teu pai também receba os recursos necessários ao momento. As alegrias, por vezes, esmagam, quando não são bem dosadas....

Marcos sentiu as mãos de Lisandro, roçando-lhe, suaves, os cabelos, ao mesmo tempo que prodigiosa força conduziu-os aos pés de Copônio, numa sala quase escura, onde o ex-Procônsul se encontrava, visivelmente abatido. A cabeça, outrora altiva, pendia-se-lhe do tronco encurvado. Nas têmporas surgia-lhe a prata precoce, emoldurando-lhe, todavia, com bela suavidade, o rosto de acentuadíssimas características romanas.

Quando toda a cidade parecia dormir, Copônio vigiava as próprias tormentas íntimas, na aflitiva preocupação do destino incerto, que o aguardava.

Lisandro aproximou-se do patrício e estendeu-lhe as mãos sobre a cabeça. O ancião apresentava atitude de profundo recolhimento. Logo, o antigo legionário reclinava a cabeça sobre o leito, estendendo-se suavemente ao longo do móvel algo confortável, ali colocado, certamente, em atenção à sua destacada posição, no patriciado romano. O jovem imperador cultivava sempre esses requintes de generosidade...

Marcos presenciou, então, um fato inédito para sua compreensão: somente naquele momento, o genitor se apercebera da presença do filho muito amado e estendera-lhe os braços ansiosos, exclamando:

– Marcos! Marcos, meu filho!

O menino, que até então se portara com serenidade, aguardando os acontecimentos, como quem espera alguma coisa, que não sabe bem precisar, mas que uma força superior encoraja e anima à obediência, ao sentir os braços do pai, que o envolviam com indescritível ternura, não pôde reter a caudal das lágrimas, que lhe afluíam do coração.

Lisandro assistia à cena, em silêncio compreensivo.

Copônio indaga do filho:

– Como vieste ter aqui, meu filho? Que é feito de tua vida?

Marcos responde, espontâneo:

– Nem imaginas, pai, como estou feliz! Falta-me tão somente a companhia da pessoa a quem mais amo no mundo – tu, meu pai!

– Mas, dize-me, filho, que foi feito de tuas amas e de nossos amigos do Hebron? – tornou o prisioneiro.

– Continuam lá, pai. Eu é que me acho num lugar paradisíaco, onde as criaturas se estimam como a verdadeiros irmãos, numa só família... Ficarei lá, pai, se o Criador assim o permitir...

– És feliz, então, filho? Também o serei daqui por diante! Mesmo porque as dores me têm auxiliado na compreensão de certos fatos antes impenetráveis para meu entendimento.

– Oraremos muito por ti, meu pai. Tenho certeza de que

teu coração será iluminado ainda mais – acentuou Marcos com tocante ternura.

Lisandro tocou de leve as espáduas do menino. Este compreendeu a significação do gesto carinhoso.

– Precisamos voltar, filho... – disse o ancião.

Os braços ternos de Marcos envolveram o pai com infinita doçura. Beijou-lhe os cabelos grisalhos e encostou as faces frescas ao rosto do genitor, onde rugas precoces apareciam, como sulcos de dor.

Copônio abraçou o filho, envolto numa onda de suavidade e alegria, que deveria guardar para todo o sempre, como abençoado reconforto para sua alma atormentada.

Marcos retomou as mãos, que se lhe ofereciam generosas, com olhos enxutos e alma em doce enlevo.

Lá fora, ainda se podia vislumbrar a linha escura do Palatino e a fronte majestosa do Capitólio, que dominavam o Forum, quais águias adormecidas, sob a luz palescente das estrelas...

Em pouco, os olhos do menino puderam apanhar outro cenário não menos soberbo: o do firmamento brilhante, na sarabanda de bilhões de estrelas que enviavam aos singulares viajantes a última saudação, naquela hora de despedida da noite.

A madrugada, não menos magnificente, veio surpreender o coração de Marcos, ajoelhado ante o altar divino da aurora, a entoar ardente cântico de louvor a Deus pelos júbilos do encontro.

O jovenzinho, já desperto, pensava no encontro cheio de alegrias inesperadas.

Júbilos recentes eram muito concretos para se basearem no subjetivismo de um simples sonho...

CAPÍTULO 16

O primeiro dia no povoado

A vontade Divina determinara que o primeiro dia de Marcos, no povoado essênio, seria uma sucessão de novidades alvissareiras.

Às primeiras horas da manhã, quando o astro do dia mal surgira na fímbria do horizonte, os meninos puseram-se de pé, no que foram seguidos por Marcos, cujo coração banhava-se de imortais lembranças.

Demétrio, bem disposto como os demais, convidou:

– Marcos, nossa primeira oração é feita sob as árvores amigas do pomar, onde realizamos exercícios de respiração e dos músculos. Vamos até lá?

Saíram alegremente, portando alvíssimo pano de tecido grosso sobre os ombros.

Junto ao poço, circundado de pedras, fizeram demoradas abluções!

Dando-se as mãos em círculo em torno do poço, elevaram cânticos e hosanas à água, cujos benefícios eram reconhecidos como elementos de vida.

Fábio orou com simplicidade, invocando a Bondade Divina para o novo dia:

– Senhor! Permiti que os Vossos Anjos amparem-nos o ideal

e iluminem-nos o coração neste novo dia, que a Vossa Misericórdia nos concede. Sede conosco, que somos fracos e imperfeitos!

Os companheiros seguiram-no, contritos, voltados para os céus, numa tocante demonstração da superior vontade de atingir as alturas.

Tudo era novo para Marcos, que buscava secundar os amigos da melhor maneira, fundamente tocado de emoções.

Logo a seguir, Fábio explicou:

— Vamos agora aos exercícios. Nossos instrutores encarecem a necessidade do normal desenvolvimento de nossa organização física. No primeiro dia de nossa estada aqui, já fomos conduzidos à ginástica, pela manhã, e ficamos sabendo que as árvores são grandes amigas de nossa saúde. Razão porque realizamos exercícios matinais sob o arvoredo benéfico.

Em seguida, alinharam-se em várias colunas. Marcos juntara-se a uma delas, obedecendo a um sinal de Fábio.

Meia hora de movimentos rítmicos dos membros superiores e do tronco, intercalados de afastamentos laterais dos membros inferiores, seguidos de inspirações profundas. O ar saudável da manhã era absorvido e logo após expelido. A seguir, uma marcha cadenciada, em torno das árvores e estavam terminados os agradáveis deveres físicos da manhã.

Marcos expressara o desejo de ver todo o quintal, que se convertera em pequeno pomar. Eleutério, o judeuzinho, esclareceu com solicitude:

— Por agora é impossível, Marcos. Sentimos, mas outras obrigações tomam-nos as horas. Só podemos passear pelo pomar aos sábados, quando fazemos uma pausa nas tarefas semanais...

O menino interrompera-se, aguardando as impressões de Marcos. Este, porém, manteve-se em silêncio.

— Estás aborrecido, irmão? — indagou o interlocutor com fraterno interesse.

– Nem penses nisso, meu amigo. Gosto de observar regulamentos e ordens – respondeu o menino com vivacidade.

Fábio juntara-se aos dois e tomou Marcos pelas mãos, conduzindo-o ao centro do quintal, onde se levantava frondosa árvore.

– É a hora dos votos de agradecimento, Marcos.

O que se passou após, deixou a mais agradável impressão na alma atenta do hóspede.

Os jovens envolveram o tronco do vegetal num amplexo singular, formando uma corrente.

A seguir, o coro juvenil se fez ouvir, em louvor à árvore pelos benefícios do ar puro, dos frutos, da sombra e das alegrias cotidianas.

Os rapazinhos haviam deixado Marcos de fora, com o evidente intuito de melhor transmitir a lição, de que o menino participaria diariamente.

Aquilo era extraordinariamente novo para Marcos. Jamais pensara antes em agradecer aos elementos naturais a dádiva da renovação vitalizadora.

Eleutério voltara para junto do novo companheiro e, silenciosamente, rumaram para o interior residencial.

Foram os últimos a entrar na morada coletiva. Lá dentro, o grupo alegre já os aguardava à mesa, arrumada para a primeira refeição do dia.

Marcos admirou-se:

– Quem arranjou tudo isso? Não vi ninguém aqui...

Demétrio atendeu:

– Há em nosso povoado várias mulheres assalariadas, já velhas, que efetuam os serviços domésticos. Pela manhã, vão de casa em casa e arejam tudo. Durante o dia, continuam o trabalho. À noite, recolhem-se à morada que lhes foi destinada.

– Mas, antes não era assim – continuou Demétrio. – A

presença de mulheres era proibida no povoado. As disposições regulamentares da seita determinavam que todos os labores domésticos ficavam sob a responsabilidade dos neófitos. Contudo, as obrigações novas na cerâmica e na lavoura obrigaram os anciãos a reformular o Manual da Disciplina, transferindo o serviço caseiro à mulheres habilitadas, de vida rigorosamente honesta e reta.

E como o menino nada mais perguntasse, serviram-se em silêncio, após a oração, de pão com saboroso leite de cabras.

Dali a minutos, uma voz forte e simpática, chamou da porta:

– Como é, rapazes, estamos prontos para a luta?

– É Levi, o chefe do grupo juvenil – esclareceu Fábio aos ouvidos de Marcos.

Levantaram-se todos e seguiram o instrutor com entusiasmo.

Levi chegou-se a Marcos, com fraterna espontaneidade, e explicou:

– A vida aqui é muito trabalhosa. Por isso mesmo, somos em pequeno número. São poucos os que permanecem até o fim. Força de vontade e, sobretudo, Amor são fatores básicos da causa da Grande Espera, do contrário...

Haviam chegado à pequena praça, que pareceu a Marcos, particularmente bela, banhada de sol.

– Temos aqui, ao ar livre, a primeira aula, Marcos – ajuntou o instrutor, com bondoso acento.

Quando os demais meninos se reuniam, disciplinadamente, em torno de Levi, este completou as informações ao novo companheiro:

– Sempre que ingressa um elemento novo, aproveitamos o ensejo para as recapitulações necessárias ao nosso sistema de aprendizagem. Estudam-se aqui noções de matemática, música, a vida das plantas.

– E duas vezes por semana, quando as noites estão consteladas, estudamos os astros – adiantou Nicanor, que deixava transparecer seu entusiasmo pela ciência dos corpos celestes.

Levi sorriu, prazenteiro, e aduziu:

– Este menino gosta muito de namorar as estrelas...

Fábio e dois companheiros foram à casa próxima e já estavam de volta, sobraçando algumas placas de bronze e rolos de pele de carneiro.

O instrutor começou a falar, enquanto lhes mostrava as placas:

– Vejamos as primeiras lições da bela ciência dos números... Nesta inscrição temos vários sinais que indicam valores. Apontaremos três deles... Quem os tiver bem nítidos na memória, pode manifestar-se...

Assim dizendo, Levi assinalou três caracteres na placa escura.

Várias vozes se ergueram, num coro entusiástico:

– Sigmatum! Copa! Sampi!

– Certo! Certo, meus rapazes! – exclamou o instrutor, satisfeito e continuou: – Agora, peço-vos o valor de cada um destes sinais, pela ordem.

Novamente, o coro juvenil ecoou alegremente:

– Seis! Nove! Novecentos!

– Muito bem! – aplaudiu o instrutor.

Marcos observava com interesse, quase ignorante de tais conhecimentos, pois que o genitor transferira sempre o início de sua instrução, em virtude de sua saúde delicada.

Levi voltou-se para o menino e vendo-o atento, ficou jubiloso.

O instrutor passou a pequenos exercícios orais para firmar a agilidade mental dos alunos.

A última lição teve por objetivo a habilitação dos jovens na bela arte dos sons. Três estribilhos novos e alegres foram entoados, na cadência uníssona das vozes juvenis, sob o ritmo harmônico de avenas.

Após, voltaram à casa coletiva, onde tomariam os embornais para a caminhada rumo à cerâmica.

Fábio pedira a Marcos que os acompanhasse, atendendo ao programa da seita.

O menino não desejava outra coisa. Juntou-se aos demais e lá se foram a cantarolar, alegremente.

Mais de dois terços de hora gastaram para atingir o local do trabalho.

Marcos jamais vira tantas coisas interessantes reunidas.

Ao chegar, tomaram, imediatamente, os instrumentos de serviço.

No primeiro dia, Marcos deveria observar apenas, segundo informação de Demétrio, porquanto nada conhecia dos labores da cerâmica.

Fábio trabalhava junto a pequeno depósito de areia finíssima, quando chamou Marcos.

– Teu serviço será a meu lado, em obediência às ordens do instrutor – explicou o jovem.

Marcos observara, rapidamente, todo o local. Área pequena, mas tomada completamente por materiais necessários à pequena indústria. Viam-se vasos de variados tipos, tijolos e ferramentas.

Cada grupo se ocupava de tarefa diferente.

Nicanor, o mais musculoso, auxiliado por dois companheiros, tomava conta da olaria.

Demétrio manufaturava caprichadas miniaturas de colunas jônicas, dóricas e coríntias, que se destinavam a modelos para construções.

Outros confeccionavam vasos rústicos.

Em torno, reduzido arvoredo amenizava a calidez, provinda do deserto próximo ao mar.

O menino inteirava-se das novas obrigações, sob a orientação de Fábio. Deveria modelar diversos tipos de vasos com argila preparada à base da areia branca e brilhante.

Fábio admitira com simplicidade, que muito se esforçava por conseguir sempre novas criações, mas nem sempre conseguia bons resultados.

Marcos, que se conservara em silêncio, aduziu com entusiasmo:

— Tudo faremos para realizar juntos alguma coisa de valor, não é?

Fábio sorriu, com alegre disposição.

O trabalho continuou até a hora do almoço, que fora retirado dos pequenos embornais e servido, após um quarto de hora de descanso, quando se fizera a indispensável higiene das mãos.

Fábio elevou aos céus pequena oração, louvando os benefícios da terra generosa.

O Sol ia muito alto, quando retomaram as tarefas.

O dia correra cheio de interesse para os jovens. A boa saúde, que ostentavam, constituía-se em natural incentivo ao trabalho.

Às primeiras horas da tarde, dirigiram-se ao local do banho e após a lavagem das roupas puseram-se a caminho de volta ao povoado.

Marchavam em silêncio, quando Marcos observou:

— Ontem, todos se reuniram, jovens e adultos... Estavam todos na praça...

Josuah olhou-o demoradamente e esclareceu com simpatia:

— Ontem foi um dia excepcional... Marcos havia chegado ao povoado...

Todos riram alegremente e iniciaram os belos cânticos de volta, com que erguiam louvores ao Supremo Doador de Todas as Coisas por mais um dia de trabalho.

CAPÍTULO 17

A grande mensagem

Após a refeição frugal da tarde, os jovens dirigiam-se à soleira, à espera dos outros componentes da colônia.

Demétrio acercara-se de Marcos e não escondeu a grande simpatia que o ligava ao novo amigo.

– Marcos, uma só coisa me atormenta aqui: é a saudade de minha mãe – confessou o judeuzinho à meia voz.

– Também eu me acho separado de meu pai, há vários meses. A noite passada, porém, reencontrei-o num sonho maravilhoso, conduzido que fui por Lisandro. Por que não pedes ao ancião para levar-te também junto à tua mãe?

– Várias vezes tenho sonhado com minha mãe; esses encontros só têm servido para atormentar meu coração alanceado pelas saudades.

Havia lágrimas nos olhos do jovenzinho. Marcos acercou-se mais dele, num estranho gesto de proteção. Sem saber a razão, sentia que seria o amparo do companheiro infeliz.

– Dolorosa é, de fato, a separação; contudo, as ocupações diárias dar-nos-ão as forças necessárias para resistir, não é?

Demétrio sacudiu a cabeça negra e confessou baixinho, limpando as lágrimas, que fluíam da alma amargurada:

– Temo que esta separação me leve ao desespero... Fracassarei por isso. Não posso transpor essa barreira difícil...

– Não te deixes dominar por ideias tão tristes, Demétrio!

– Não posso! Não posso... – gemeu o outro.

– Hás de vencer todos os obstáculos, um a um, verás...

O tom de convicção, com que as palavras de Marcos foram proferidas, aliviou um pouco os pensamentos escuros do jovem.

Após ligeira pausa, Demétrio voltou:

– Tenho visto muitos companheiros de volta, porque não puderam triunfar sobre si mesmos. Uns porque não suportaram a disciplina rígida da comunidade. Outros ainda por não se acomodarem aos impositivos da renúncia...

– Por que não te aconselhas com Lisandro? Ele é bom e compreensivo, e te apontará o caminho mais seguro...

– Tens razão. Falarei hoje com nosso amado ancião – concordou Demétrio, com novo brilho de esperança, nos profundos olhos negros.

*

Nicanor, o rapazinho de origem macedônia, parecia muito integrado àquela vida simples e produtiva do povoado. Sempre alegre e bonacheirão. Naquele momento, tivera uma ideia verdadeiramente feliz:

– Cantemos, amigos, à chegada de Josafá! Olhem que precisamos de bom ensaio!

– Muito bem lembrado! – aprovou Fábio.

Entoaram, incontinênti, belo cântico ao som de avenas, que as mãos habilidosas dos jovens confeccionaram de bambu. Marcos ouvia, enlevado.

Três a quatro vezes repetiram a melodia com que contavam recepcionar o mensageiro.

Marcos acabou por entrar no mavioso coro, com sua voz de indefinida extensão sonora, harmônica e agradável.

O Sol já ensaiava os últimos passos, na dança mágica do crepúsculo.

Chegavam vários grupos de adultos, que se juntavam aos jovens.

Encaminharam-se para o centro da praça, onde se aglomeraram, a seguir, os restantes companheiros, perfazendo várias dezenas de pessoas.

Lisandro compareceu, acompanhado de três irmãos. Todos os olhares se voltaram para o ancião, imantados por força poderosa.

Lisandro também aguardava uma grande notícia – pensaram alguns.

Receber uma boa nova junto a ele era uma graça dos Céus...

Lisandro saudou com um gesto fraterno os circunstantes e tomou assento na relva macia, no que foi acompanhado pelos adultos.

Os jovens permaneceram respeitosamente de pé.

Grande silêncio de expectativa jubilosa pairava em tudo; no ar, nas árvores, nos corações...

Os olhares convergiam, amiúde, ora para a grande trilha, que marcava o sul, ora para a estrada larga do norte, onde transitam camelos e cavalos, em viagens esporádicas, no pequeno comércio, mantido pela colônia com dois a três mercados judaicos do Hebron.

Como pareciam longos os minutos da espera!...

Súbito, alguém vislumbrou um pontozinho branco, marcando a linha verde do campo fronteiriço.

– Josafá! É Josafá! – exclamou Lisandro.

Os corações pulsaram fortemente e os olhares se fixavam no cavaleiro, que se aproximava rápido, impulsionado talvez pela força daqueles pensamentos ansiosos...

Marcos recebera em cheio a emoção reinante e admirou-se da serenidade com que os companheiros viram Josafá apear-se e chegar-se ao grupo.

Mas, já o coro uníssono se erguia, em suave e tocante saudação ao recém-chegado.

Os olhos de Josafá brilhavam intensamente, ao beijar as mãos rugosas de Lisandro.

Em seguida, levantou os braços na direção dos companheiros, exclamando, à guisa de resposta àquele acolhimento carinhoso:

– Alegrai-vos, irmãos! Trago-vos boas notícias!

Lisandro erguera-se.

– Ouviremos de pé as informações que nos trazes, bom Josafá! – falou o ancião em tom profundo e solene.

– O menino encontra-se no Norte, com os pais...

Aquela comunicação quase seca teve o condão de quebrar a linha do controle, que caracterizava aqueles corações disciplinados.

Numa fração de segundo, Josafá vira-se rodeado pelos companheiros, que lhe pediam pormenores circunstanciados dos acontecimentos. Queriam saber de tudo: se Josafá não se enganara, se não fora enganado pela brincadeira de mau gosto de pessoas irresponsáveis...

O mensageiro mal podia conter as emoções, o que explicava o modo lacônico com que transmitira a notícia sublime, de transcendental significação na vida essênia.

Lisandro correra em socorro do moço:

– Conheço os pormenores, irmãos! Se o desejardes, farei o relato, enquanto nosso amigo se refaz um bocadinho...

Aquelas criaturas nobres já se haviam habituado às coisas extraordinárias, partidas de Lisandro. Mas essa ultrapassava a tudo quanto conheciam do sábio ancião.

– Falai! Ouviremos com o respeito de sempre – adiantou-se um moço de fisionomia marcada de traços fortes e simpáticos.

Lisandro explicara, então, com voz pausada e ainda firme, que, havia vinte novilúnios, soubera da morte do grande Herodes e que tal acontecimento marcaria outros eventos importantíssimos. Por isso colocara Josafá nas estradas, de sul a norte, em busca de notícias que ele – Lisandro – apanhara antes do rapaz. Agora, uma semana antes da chegada dele e de Marcos, fora informado, num de seus frequentes sonhos com o Anjo de Luz, do regresso da família marcada com o selo de Deus.

Pais e filho vieram das terras além do Grande Mar e se instalaram na antiga propriedade do respeitável descendente de Davi.

Os corações, surpreendidos, mal se acomodavam nos surtos da emoção.

O Messias chegara! O Salvador já se encontrava entre os homens!

Um hino singelo, surdiu, espontâneo e vibrante, daquelas almas iluminadas pelo ideal da santificação:

Hosanas aos Céus!
Graças ao Criador!
Pela Misericórdia

Que faz baixar
Sobre a terra impura,
Enviando Seu Anjo
Mais puro e perfeito,
Nas asas do Amor,
Para caminhar
Com os homens, pisando
Estradas de Dor
E dar-lhes a rota
Sublime da Paz,
As alegrias apontando!
Glória ao Bom Pai
De infinito Amor!
Glória ao Filho
De Suprema luz!

Quando as últimas notas evolaram-se nos espaços infinitos, Lisandro falou:

— Josafá, agora, conta-nos tudo.

Josafá pousou os olhos escuros nos companheiros queridos, demorando-os em seguida no ancião, e replicou emocionado:

— Já foi dito tudo por vossa boca abençoada, Mestre Amado...

Lágrimas tremeluziam nos olhos dos que viviam para o encontro sublime com a grande Estrela...

CAPÍTULO 18

Oração matinal

No dia seguinte, às primeiras horas da manhã, reunia-se a comunidade na praça para ouvir Lisandro, que deveria partir naquele mesmo dia.

Marcos ansiava por um encontro com o ancião. Desejava conversar acerca dos instantes maravilhosos, que tivera a seu lado, na noite anterior. Pretendia interceder em favor de Demétrio.

Achavam-se os grupos aglomerados, à espera do querido visitante, quando Marcos interpelou um senhor, que se lhe encontrava à direita:

– Será muito difícil falar com Lisandro, hoje?

– Totalmente impossível, meu menino. Nossos princípios proíbem a interpelação direta, em público, aos anciãos. Trata-se, talvez, de uma forma de humanidade, que visa poupar as energias desses abençoados servidores. Lisandro falará a todos, de modo geral. Cada qual recolherá as conclusões e aproveitará do melhor modo a lição.

Ligeira sombra de tristeza cobriu o rosto do jovenzinho. O coração trabalhava, porém, por afogar a grita de desesperança e não tardou que a almazinha, a caminho da disciplina, se recompusesse diante da nova situação.

Em meio ao silêncio reinante, apareceu Lisandro, que se

aproximava a passos lentos, acompanhado, como sempre, de dois irmãos.

O coração de Marcos confrangia-se à ideia da separação do venerável amigo. E tantas coisas guardava para perguntar-lhe, conversar...

Lisandro já tomara assento na relva, após saudação fraterna aos companheiros.

Os jovens formaram pequeno círculo e entoaram hosanas a Deus pela graça do convívio com o ancião, estendendo-se as notas harmoniosas, em favor da saúde e da paz do venerando mentor.

O homenageado recolhera aquela manifestação espontânea de carinho com visível emoção. Iluminaram-se-lhe os olhos percucientes pelas tocantes vibrações juvenis.

Houve depois prolongado silêncio. Ninguém ousara levantar a voz, enquanto aguardavam a de Lisandro.

Pausadamente, o ancião dirigiu-se aos queridos companheiros de ideal:

– Irmãos amados, alegrias indefiníveis proporcionou-nos o Pai, nas horas maravilhosas que estamos vivendo. Que nossos corações jamais olvidem a imensidade do Poder e da Misericórdia do Supremo Doador da Vida.

Meditemos na fragilidade de nossos pequeninos Espíritos, tão apegados aos erros, embora sonhando sempre com as luzes da harmonia.

Hoje, mais que ontem, sintamos a Grandeza do Amor, que nos envolve em ondas santificadoras, a nós que, impuros, nem merecemos o sopro da Divina Atenção.

Por que a nossa alma empedernida continua presa às coisas que passam? Por que somos tão ingratos ao Senhor, que tudo nos garante, em troca de nossa simples boa vontade, no cumprimento dos deveres maiores? Por que nos amarguramos na saudade dos entes amados, que ficaram na distância, quando sabemos que o Divino Peregrino trocou as luzes da Celeste Morada pelas sombras da Terra?

Após ligeira pausa, o ancião prosseguiu, com profundo acento:

– Nesta noite me foi dado ver em sonhos a Morada de Luz do Grande Espírito. O Pórtico Real do Templo Herodiano, com suas quatro fileiras de cento e sessenta e duas colunas, seus edifícios e salões, conjunto que se coloca entre as maiores construções do mundo, fica muito distante da magnificência dos monumentos, cujas luminosidades feriram-me os olhos.

Digo-vos ainda que nem o Santuário do Templo, com o mármore deslumbrante de suas construções, com tetos de folhas de ouro, em que os raios de sol incidem, dando-lhes aspecto de incomparável beleza, sequer podem comparar-se ao que meus olhos contemplaram na vigília passada.

Por que – continuou Lisandro – torturamo-nos nos elos da saudade e da dor, quando sabemos que ele deixou tudo para chegar-se a nós, que nem sequer somos dignos de respirar-lhe o mesmo ar?

Como somos rebeldes no erro, esquecidos da transitoriedade de nossos sofrimentos no mundo!

Pai Amantíssimo! Tende compaixão dos pobres filhos, que desconhecem a extensão do Vosso Amor e se entregam às ilusões de uma hora, neste vale de inquietações!

Senhor! Ponde nos jovens corações o encorajamento para as lutas, sem as peias da vaidade!

Dai, Senhor, aos adultos e anciãos o senso da alegria perfeita, no serviço convosco!

Nova pausa, sob o respeito geral.

Marcos e Demétrio entreolharam-se, envergonhados. Lisandro referira-se aos problemas íntimos de ambos, sem que ninguém lhe falasse sobre o assunto!

O ancião levantara-se e de mãos erguidas para o horizonte azul, iluminado pelo ouro do sol, imprecou:

– Todo-Poderoso! Hoje pecamos contra vós, deixando cair

as lágrimas da saudade e do pesar. Choramos os entes queridos de quem nos apartamos para atender aos reclamos de nossa própria consciência, que clamava por tarefas maiores.

Choramos, Senhor, a angústia da separação hoje, quando reconhecemos a necessidade do sacrifício para coroamento da obra de elevação para vós!

Deus Amado! Amparai-nos, perdoando-nos os deslizes cotidianos! Colocai nos nossos corações endurecidos o bálsamo abençoado, que flui do vosso Amor, a fim de que aceitemos as tarefas, com alegria renovadora e construtiva!

Senhor! Por fim dai-nos a oportunidade sagrada do encontro com Aquele que nos enviastes! Permiti que Seus passos nos busquem um dia, trazendo-O ao nosso pobre convívio!

Permiti que o vosso Intérprete de Luz se aproxime das sombras para nos transmitir as divinas lições da Ciência salvadora da Vida!

Aqui se encontram, Pai, os vossos pequeninos filhos à espera do Grande Enviado de Vossa Misericórdia!

As últimas palavras de Lisandro alcançaram a todos, como as notas de divina harmonia, retemperando os corações.

Marcos e Demétrio choravam baixinho, enquanto se lhes evolavam das almas vibrações de reconfortadora alegria.

Receberam sublimes incentivos, sob as Graças do Altíssimo.

Mais alguns minutos, Lisandro se afastava, sozinho, sem abraçar pessoa alguma.

Mas aqueles corações sentiam-se envolvidos na faixa sublime do Amor, oriunda da alma generosa do ancião.

Por sua vez, o Mentor beneficiara-se de energias renovadoras, nas asas ligeiras dos pés, e nas esperanças que levava no velho coração...

CAPÍTULO 19

A primeira lição de Astronomia

Quando Lisandro se perdera nas curvas do caminho poeirento, toda comunidade reunida na praça se dissolvera em pequenos grupos, dentro de silencioso respeito.

Marcos surpreendia-se por conservar o coração sereno, quase alegre. Pensara tanto na amargura da separação e tudo ocorreu sem aflições.

Saíram todos para os respectivos campos de trabalho, quando o Sol anunciava a hora terceira.

Na cerâmica, Marcos observara pormenores que lhe passaram despercebidos no dia anterior. Verificara, em silêncio, que Demetrius era exímio desenhista. Os vasos, que ornamentava com motivos gregos, eram lindíssimos, sobressaindo-se os desenhos na lisura brilhante da argila bem trabalhada. As bases das miniaturas de colunas, também eram dignas de nota. O rapazinho empenhava-se, atento, nas medidas convencionadas, que surgiam em proporções diminuídas, naqueles ensaios de escultura.

Marcos compreendera que se encontrava frente a artista em latência. Por isso quebrara o silêncio, indagando de Fábio, em voz baixa:

– Por que Demetrius não toma um professor de escultura? Vê-se que ele é uma vocação inconteste...

Fábio atendera, sem levantar os olhos do vaso que modelava:

— Nossos instrutores visitam-nos uma vez por quinzena. Orientam-nos amplamente sobre todos os problemas inerentes ao nosso ramo de trabalho. Deixam-nos após operar sozinhos, entregando-nos a direção de tudo; cada semana, um de nós supervisiona o serviço, guardando de memória o relatório de todas as ocorrências para ser narrado ao instrutor.

— E tudo sai direitinho? — indagou Marcos curioso.

— Do mesmo modo, como se o instrutor estivesse presente. Todos se esforçam por corresponder a confiança penhorada pelos mais experientes — atendeu Fábio.

Marcos, naquele segundo dia de contacto com a cerâmica, iniciara pequena tarefa de adaptação sob o fraterno olhar de Fábio. Dera começo a uma ânfora, buscando atender com o máximo de boa vontade à obrigação nova.

Era a primeira vez que lhe davam alguma coisa para fazer. Os músculos da mão fina, não lhe obedeciam com presteza. Vezes inúmeras destruíra o serviço já pronto para recomeçá-lo outras tantas.

Afinal, o vaso assumira aspecto mais interessante e o menino respirou mais aliviado.

Fábio observava, intimamente divertido com a falta de jeito do novo companheiro, mas não se opusera aos ensaios infrutíferos do menino com críticas extemporâneas.

Os corações, naquele dia, achavam-se profundamente enlevados, trazendo os donos em permanente estado de harmonia íntima.

Marcos empolgava-se com a estranha beleza, que fluía da esperança, como nunca o sentira antes.

Esperar o Enviado do Senhor — eis o objetivo mais alto daqueles corações juvenis.

Quando o Messias viria ter com eles? Ou seriam eles que iriam ao encontro do Cordeiro?

Essas indagações íntimas faziam cócegas nos lábios do menino, mas ele compreendera que o silêncio mantido nas horas de serviço não deveria ser quebrado.

O Sol penetrava a linha central da cúpula celeste. Era a hora da segunda refeição.

Eleutério abandonara o seu setor de ação, reunindo-se aos companheiros e convidou-os, alegremente, para o respasto, que trouxeram nos embornais limpos.

Aquela hora fora de singelo júbilo para todos.

Oraram juntos, sob o céu azulíneo, agradecendo ao senhor a Misericórdia trazida cotidianamente através do pão.

Serviram-se com a sobriedade resultante do hábito sadio.

Conversaram alguns minutos, aproveitando a pausa necessária à quimificação alimentar.

Nicanor por várias vezes tomara parte para externar conjeturas acerca da vinda do Messias.

– Ele virá até nós, certamente. Mas, quando? – indagava o rapazinho, com os olhos distanciados na amplidão dos campos adjacentes.

Eleutério e Fábio responderam à mesma hora, com vivacidade característica da adolescência:

– Quem pode saber?

– O certo – continuou Fábio – é que devemos nos esforçar cada dia mais, a fim de que o Enviado seja atraído para o nosso meio, fazendo de nosso núcleo uma fonte luminosa, que o possa atrair.

Marcos permanecera calado, pois a conversa se encaminhara justamente para o ponto que ele desejava focalizar.

Seu coração encontrava-se pleno de interrogações semelhantes.

Fábio atingira a parte fundamental da questão e Marcos, intimamente, louvava o companheiro querido.

Realmente, Lisandro falara-lhe muito sobre a atração de elementos semelhantes entre si. A luz atrai a luz, a sombra imanta-se às trevas...

Longe dele – Marcos – a pretensão de sentir-se identificado com o Cordeiro! Mas pelo menos, a aproximação da semelhança seria tentada. Esforçar-se-ia por consegui-la, dali por diante.

Seria bom companheiro e tudo faria por atingir a perfeição nas tarefas diuturnas.

Fábio levantara-se, no que fora secundado pelos jovens, retomando ao trabalho interrompido.

Entregavam-se com alegria aos labores da cerâmica até a hora estabelecida.

O menino já não encontrava dificuldades na modelagem de novo vaso. Achava-se inteiramente satisfeito com os gestos de aprovação que Fábio lhe endereçava, de quando em quando.

Regressaram ao povoado à hora aprazada. O Sol declinava no horizonte azul. A atmosfera parecia mais rarefeita que de ordinário. Os jovens sentiam-se leves e jubilosos como jamais o estiveram, não obstante a vida lhes corresse em clima de constantes alegrias.

Nicanor mostrava-se extraordinariamente verboso, lembrando, com entusiasmo:

– Teremos bela noite para observações...

– O que completará nossas alegrias! – concluiu Fábio.

O jovem enamorado das estrelas teve esplêndida fulguração nos olhos escuros, revelando-lhe a posição íntima.

À tardinha, após o ligeiro repasto, reuniram-se à soleira para a contemplação do ocaso, que se desenhava soberbo, sob as galas coloridas de um painel divino.

– Que inteligência no mundo seria capaz de gravar no bronze ou na madeira aquele quadro esplendoroso? – acentuou Demétrio, com indefinível respeito.

Marcos amava a natureza, porém, nunca se dera ao trabalho

de perscrutar os segredos de suas maravilhosas manifestações. Lisandro iniciara-o na investigação dos mistérios empolgantes, o que trazia o coração do menino cheio de encantamentos dulcificantes.

O olhar do jovenzinho patrício prendeu-se ao horizonte, fascinado pelo espetáculo, que também arrebatava o entendimento dos companheiros.

Mais alguns momentos e o astro da vida desaparecia totalmente na linha, que limitava a paisagem terrestre. Dir-se-ia que as fronteiras de um mundo mais belo se projetavam, no ponto em que a visão humana se sentia restrita e impotente para delinear cenários novos.

As primeiras sombras da noite quase não foram sentidas pelos jovens, porque já outro espetáculo soberbo lhes empolgava as almas. As primeiras constelações surgiam, magníficas no semicírculo do Zodíaco, oferecendo as fulgurâncias celestes no bojo resplandecente.

— Muita coisa teremos de aprender com o irmão Ezequias a respeito das estrelas — disse Nicanor, desejoso de entrar no fascinante assunto.

E Marcos não desejava outra coisa.

— Sim — aduziu o menino —, como será interessante tal estudo!

Nicanor prosseguiu, com vivo entusiasmo, ao sentir-se apoiado pelo interesse do novo companheiro:

— No outro dia ficamos conhecendo tanta coisa útil e bonita sobre o céu! Nosso instrutor enfileirou vários conceitos existentes no seio dos povos a respeito dos astros.

E como uma pausa se fizesse, Marcos pediu:

— Conta-me tudo o que sabes, caro Nicanor!

O rapazinho entrou logo no tema preferido, sem esperar por mais confabulações:

— Os séculos guardaram marcas positivas do interesse que os astros sempre despertaram na mente dos povos. Os centros antigos mais adiantados, como o Egito e a Grécia, estenderam as raízes de tal entusiasmo a outros países, através de superstições, que chegaram até nossos dias. Contou-nos Ezequias que os magos da Caldeia profetizavam a sorte dos homens, orientando-se pela conjunção astral sob a qual nasciam.

— Que vem a ser conjunção astral? — perguntou Marcos.

— Os planetas, durante o ano, percorrem determinada rota na linha do Zodíaco. Conjunção é o aparente encontro de dois astros nessa linha. Mas, continuemos, Marcos, se é que desejas conhecer alguns detalhes mais...

— Sim, continua, meu bom Nicanor, ouvirei com muita atenção.

Nicanor conservara-se voltado para o firmamento constelado, como se estivesse preso ao quadro de luz, que se projetava das alturas.

— Os caldeus atribuíam também relações entre os metais e os astros. Assim, tinham o Sol como ouro, a Lua prata, Saturno chumbo, Marte ferro, Júpiter estanho.

Essas relações passavam a influenciar decisivamente nas afirmativas proféticas dos magos com relação ao futuro das criaturas.

Todavia, a civilização remota dos assírios e caldeus herdaram do povo acádio todo o volume de crenças a respeito dos astros, o que vem provar a antiguidade das citadas crendices, que tem sua base nos astros...

— Conheces tantas coisas interessantes, Nicanor! — exclamou Marcos, aproveitando ligeira pausa do companheiro.

— Nem por isso, Marcos! Teremos de aprender ainda muito.

— Mas, continua a aula, Nicanor.

O jovem sorriu à ingênua referência do companheiro e continuou, com entusiasmo:

— Nas soberbas cidades do Egito erguiam-se templos ao Sol. Os sacerdotes adoravam o número sagrado dos astros superiores e as sete chaves do livro do destino. E liam no firmamento a sorte das nações e dos indivíduos, através dos sete sinais representados pelo Sol e a Lua, bem como os cinco planetas divinos. O sacerdote punha-se de rastos, durante a adoração.

O templo era levantado de preferência em elevações distantes e solitárias. Os terraços da casa sagrada abrangiam horizontes longínquos, de onde fluíam suaves emanações atmosféricas. Esses terraços eram verdadeiros observatórios, onde o sacerdote astrólogo se entregava às mudas interrogações ao firmamento tocado de vida e de luzes.

O Sol era um viajante sideral, cujo itinerário abrangia doze estações. O templo representava uma delas e cada planeta um domicílio, e um império em cada paragem.

O mago lia a vontade dos deuses nas vinte e quatro estrelas das constelações. Em cada estrela residia um juiz do tribunal celeste para orientar o sacerdote sobre os destinos humanos.

– Que bom para o povo daquela época poder ler o próprio destino no grande livro sideral, não é? – observou Marcos.

– Mas, nem todos podiam conhecer a ciência dos astros. Era ciência privativa dos magos, escondida nos textos da bíblia acádia. Os segredos dos sacerdotes eram transmitidos de pais a filhos. E dali, não passavam.

– E como se conhecem hoje essas coisas? – perguntou Marcos.

– Foram gravadas nas tabuletas de Nínive, da grande biblioteca cerâmica do império de Assurbanipal. Foram traduzidas e decifradas pelos doutores do palácio do grande imperador, daí deram um pulo sobre os séculos e chegaram até nós...

– Há muita gente ainda que acredita na influência dos astros, não?

– Muita gente? Muitos povos ainda baseiam princípios religiosos nos astros. A ciência adivinhatória, parece, transporá ainda as fronteiras de muitos séculos – aduziu Nicanor.

Demétrio que até então não expendera uma só nota de presença, observou:

– Para as massas, os essênios se mostram detentores de tal ciência, mas privativamente outros conhecimentos mais avançados sobre os astros fundamentam a Astronomia.

– Muito certo! – concordou Nicanor – e nós já principiamos a receber as primeiras lições sobre o assunto.

– E até quando a ciência adivinhatória se baseará nos astros? – indagou Marcos, empolgado pelas lições.

– Também eu fiz essa pergunta a Ezequias e ele se prontificou a elucidar-me com a seguinte afirmativa: "Quando o mundo puder substituir a crendice pela ciência positiva."

A resposta de Fábio suscitara novos comentários por parte dos jovens.

Dessa vez foi Eleutério quem observou:

– Nossos maiores, os anciãos, dedicam toda a sua existência ao estudo destes e de outros assuntos de importância. Eles os consideram necessários à santificação.

Nicanor acrescentou:

– E teremos de percorrer todo esse caminho de luz que os anciãos nos apontam, dedicando-nos inteiramente ao aprendizado. O ciclo completo exige quarenta e nove anos de estudos e aplicação. Cada etapa de aprendizado representa um sétimo da jornada.

Nicanor interrompera a sua exposição para contemplar um grupo magnífico que se projetava no zênite, exclamando:

– Vê que maravilhoso conjunto de astros. Sua luz nos chega e nos arrebata.

Aquelas lições caíram no coração de Marcos como uma estrela de novas esperanças.

Ao receber a bênção do repouso, a alma do menino guardava o anseio nobre de tornar-se um bom companheiro, procurando atender sempre ao trabalho diuturno, no povoado.

CAPÍTULO 20

Em tarefas terapêuticas

Três anos decorreram plenos de interesse e de alegrias para Marcos.

Certa manhã, o jovem encaminhava-se para a pequena farmácia, localizada numa dependência do mercado central, que abastecia todo o povoado.

As novas funções de Marcos prendiam-se às tarefas terapêuticas ao lado de Alexandre, encarregado geral da assistência aos enfermos que buscavam socorro no povoado.

Havia duas semanas que o jovem fora convidado a transferir sua residência para outra habitação, por injunções dos princípios disciplinares da seita.

Os olhos do adolescente eram por demais expressivos para lhe esconderem a íntima tormenta, naquela manhã. Alexandre, que o acompanhava, percebeu logo a tristeza do companheiro e apressou-se a intervir com carinho:

— Vamos, rapaz! As coisas não estão muito bem hoje... que houve?

Marcos desabafa-se, com sinceridade:

— Estou aflito por papai. Alguma coisa deve estar acontecendo em Roma...

E já com lágrimas nos belos olhos claros, o jovem acentuou:

– É o coração que m'o diz!

Alexandre diminuíra a marcha, demorando os passos, intimamente tocado pela dor do querido discípulo e hóspede. Nenhuma ideia lhe ocorrera para minorar o sofrimento do companheirinho. Sentira que o silêncio seria o melhor colaborador de suas intenções de solidariedade.

Chegaram à farmácia, onde numeroso grupo já aguardava o terapeuta.

Alexandre saudou o gentio humilde com sorriso encorajador, estacando-se diante de cada pessoa a fim de anotar-lhe os recados, coadjuvado por Marcos.

A tarefa era muito agradável ao jovem, que se impressionava com a miséria daquela gente sofredora. Compreendia a necessidade do auxílio aos enfermos, não apenas com o medicamento para o corpo, mas com o amparo àquelas almas enfraquecidas no tumultuar constante das aflições.

Por outro lado, urgia adicionar socorros imediatos aos que não podiam trabalhar, através do fornecimento de víveres e roupas.

Marcos amava aquele serviço de amparo aos pobrezinhos e bendizia ao Criador a Misericórdia ensejadora daquelas horas com Alexandre.

A manhã estava ensombrada por névoa seca, provinda do mar.

Considerável número de mendigos afluíra à Praça, em busca de socorros. O trabalho estendera-se horas a fio e o jovem absorvera-se na tarefa querida, embora a lembrança do genitor continuasse a pungir-lhe o coração.

Todavia, a dor das primeiras horas arrefecera-se, como por

obra de magia. Sentia-se predisposto à compreensão das tormentas, que a vida proporciona às criaturas.

Entre aqueles sofredores encontravam-se variados matizes de sofrimento terreno. Homens de rostos macerados pelas enfermidades crônicas; mulheres jovens, envelhecidas prematuramente pela dureza das misérias; crianças, que mal despontavam para a vida, já traziam a marca das dores na magreza da carne mal nutrida...

Tudo aquilo era muito digno de meditação e Marcos sentia que Deus assinalava o caminho de seus filhos com ferretes diferentes, mas objetivando o mesmo fim – conduzir todos ao roteiro comum da Dor. Por quê? Não o sabia explicar. Mas o Pai sabe o que faz e tudo quanto realiza é para o bem de Suas criaturas.

Alexandre encontrava-se no interior da pequena farmácia a manipular medicamentos para a multidão, que se concentrava do lado de fora, quando Marcos veio ter com ele.

O terapeuta anotou, em silêncio, o novo brilho que iluminava o olhar do jovem, que se acercara, solícito.

– Conversei com todos. Pobrezinhos! Cada um deles tem problema diferente do outro... Se a gente pudesse solucionar todos, de molde a proporcionar permanente tranquilidade a essas pobres criaturas, é que seria magnífico! Nada pude oferecer-lhes senão um copo d'água...

Alexandre interveio, sorrindo:

– Não podemos desviar totalmente o curso dos rios. Seria o mesmo que interferir indebitamente na Vontade Onisciente, que tudo dispõe com sabedoria e bondade. É verdade que, muitas vezes, não compreendemos a justiça do Pai, quando observamos filhos Seus, arcando ao peso de duras provações.

Todavia, não será por isso que devemos desrespeitar a justiça Eterna com a insubmissão às Leis...

Alexandre falava compassadamente, evidenciando serena profundidade nas convicções. Doce serenidade íntima dos que amam verdadeiramente ao Ser Supremo, mesmo sem Lhe entender os atributos e a essência.

O terapeuta era ainda muito moço e possuía características nítidas dos ascendentes babilônicos. Alto e bem posto, trazia de sua gente o gosto pela indumentária algo complicada. Sobre o vestido de tecido branco caía-lhe, a meia altura dos membros inferiores, alvíssima túnica. Quem não lhe conhecesse a simplicidade poderia atribuir-lhe exagero na maneira de trajar-se.

Marcos observava, em silêncio, o trabalho do amigo. Desejava aprender para servir aos pobrezinhos enfermos. Já conhecia alguns valores correspondentes à cura de certas enfermidades.

Alguns frascos daqueles confeccionados na cerâmica, alinhavam-se nas estantes com admirável ordem. Continham folhas e raízes em infusão e se prestariam, dentro em breve, à manipulação de drogas medicamentosas. Outros vasos da mesma procedência viam-se ali, com conteúdo já em pleno uso para o alívio dos semelhantes.

Naquela hora de grande atividade, bem que Alexandre desejava dizer algumas palavras ao amado irmãozinho, mas a responsabilidade da tarefa exigia o máximo de atenção e o silêncio se impunha, como medida prudente.

Marcos nem por sombra pensava em quebrar o sagrado recolhimento daquele instante.

Calar-se nos momentos oportunos era a grande ciência disciplinar essênia, base de toda ordem, fundamento de todo progresso da seita.

O silêncio entre os iniciados era cultivado com boa vontade e entusiasmo.

O trabalho aliava-se ao silêncio, formando a conjugação preciosa da harmonia e da fraternidade.

Numerosos peregrinos haviam sido atendidos e grande parte deles esperava, ainda, pacientes, a sua hora.

De quando em quando, Marcos chegava até eles a ver se conseguia minorar-lhes a angústia da espera.

Difícil era calcular-se as horas, sob a bruma. O Sol escondera-se, por largo tempo, atrás das nuvens espessas. Mas, adivinhava-se que o crepúsculo não tardaria. E aqueles rostos machucados por constantes maltratos das enfermidades e, às vezes, da fome, começavam a dar mostras de inquietação.

Sentado à borda de um canteiro de relvas nativas, achava-se maduro senhor, de olhos encovados e fisionomia abatida. Amparava-se ao bordão rústico, a que se apoiava com ambas as mãos.

Marcos aproximara-se do visitante enfermo, trazendo no semblante meigo a carícia do entendimento. Pousara-lhe nos ombros encurvados as mãos algo machucadas pelas experiências manuais da cerâmica.

Aquele gesto carinhoso tocou beneficamente a alma do enfermo, que lhe voltara o olhar agradecido.

– De onde vindes, meu caro irmão? – perguntou Marcos, carinhoso.

O homem respirou fundo, como a tomar alento, e respondeu com voz pausada, algo carregada:

– Encontro-me alojado a pequena distância desta abençoada povoação. Mas, venho de longe em busca de alívio para meus males...

– Então vieste buscar o benefício da cura? Como soubeste da existência deste povoado?

As perguntas enfileiravam-se na boca do jovem, como se ali se achasse também de pouco e precisasse recolher pormenores.

É que Marcos mantinha a secreta convicção de que conduziria o infeliz enfermo a despreocupar-se das aflições.

Após ligeira pausa, o desconhecido esclareceu:

– Há três anos que venho deambulando de Jerusalém a

Zabulon, em busca de recursos para minha saúde. Encontrei-me, na estrada, com um rapaz de rosto queimado de sol. A roupa branca dele tinha refulgência ao impacto da hora quarta, sob que nos deparamos. Divisando-o ao longe, o coração apontou-me a certeza de que o céu se abrira para mim.

Assim foi. O moço apeou de sua alimária e se pôs a conversar comigo, para em seguida, informar-me, bondoso:

"– Homem, sofres porque não procuraste ainda o povoado essênio de Hebron. Vá até lá e entrega-te aos cuidados dos irmãos magnânimos que lá residem e vivem entregues, inteiramente, à prática do bem..."

– E depois? – indagou Marcos, interrompendo.

– Depois recebi do moço instruções e indicações, que me valeram a chegada aqui sem incidentes, após vários dias de viagem.

– E o moço de branco, para onde foi? – perguntou o jovem interessado.

– Não sei, despediu-se com leve aceno da cabeça descoberta, um sorriso e esta exclamação:

"– Sigamos, amigo! Enquanto desces ao sul em busca dos bens da saúde, subirei ao norte à procura do Grande Bem da Vida! Que Deus nos proteja e anime na Grande Pesquisa!"

A alta figura de Alexandre posta-se diante dos dois. Trazia o frasco para o enfermo, que se retirara com os olhos marejados de gratidão e esperanças novas.

Marcos suspirou fundamente, revendo na tela mental o vulto de Josafá, que o mendigo havia evocado.

O jovem sorriu, feliz, e continuou a distribuir água fresca, em pequenos vasos de cerâmica, para reconforto das gargantas ressequidas.

CAPÍTULO 21

Lágrimas e sorriso...

Voltando à Chácara das Flores vamos encontrar algumas modificações no cenário geral da vida naquele formoso recanto.

Júlia e Félix, já há longos meses, achavam-se ausentes, em vilegiaturas pelas cidades da Judeia e Samaria. Amavam essas excursões desde que foram informados por Lisandro e Josafá da vinda do Salvador.

A matrona e o esposo puseram-se a caminho à procura do Infante, que devia estar lá pelas zonas do norte, segundo deduções de Josafá.

Lisandro mantinha-se em discreta reserva sobre tais possibilidades. Mas afirmava que o Altíssimo colocaria o Salvador, mais dia, menos dia, no caminho de todos.

Assim, os patrícios romanos, hoje simpatizantes declarados da causa da Grande Espera, mantinham a firme convicção de que seriam dos primeiros a se avistarem com o Menino, já que eles lhe iam ao encontro.

Josafá não vivia para outra coisa. Não se passava um só dia em que não aproveitasse ensejos para a busca do Infante desconhecido.

Ruth e Mira tornaram-se as servidoras da confiança irrestrita de Júlia. Aliás, a matrona, cada dia, mais se ligava àquelas criaturas abnegadas.

Naquela tarde estival, em que mormaço quase insuportável subia do solo, atingindo criaturas e coisas, vamos encontrar as duas servas, em animada conversa, no pátio da pitoresca vivenda de Félix.

Ruth e Mira sentiam a ausência dos amos magnânimos e lhes aguardavam o regresso, com ansiedade.

As duas iniciaram o colóquio nesse assunto, derivando o tema afetivo para as saudades de Marcos, como acontecia, invariavelmente.

O jovem constituía-se no ponto central das preocupações de Mira. Quanto à Ruth, esta dividia as inquietações entre o querido menino e Josafá.

A certa altura, Mira reflexiona, em voz alta:

– Como a vida das criaturas muda de uma hora para outra! As coisas, muita vez, acontecem tão repentinas que a gente nem tem tempo de pensar na ocorrência...

– É o que aconteceu com o nosso amado menino – aduziu Ruth, com dolorido acento. – Parece um sonho não o termos ao lado para dele cuidarmos, como antes...

– Deus sabe o que faz, porém, devia poupar tantas dores ao coração da gente! – exclamou Mira, num desabafo irreverente, mas sincero.

– Não blasfemes! Afinal tudo quanto nos acontece tem uma causa justa. Não cai uma folha da árvore sem que Deus o tenha determinado...

– Mas a verdade – observa Mira – é que o Pai perdoa também, oferecendo oportunidade ao nosso coração...

As palavras de Mira, pronunciadas em tom enfático, pareciam derivar de fonte desconhecida, que não o seu cérebro. Uma esperança brilhou nos olhos cansados da velha escrava:

– E se pedíssemos ao Pai nos concedesse a graça de rever nosso Marcos?

— Bom pensamento tiveste agora, Mira! – concordou Ruth, com entusiasmo.

— Oremos, então, suplicando da Divina Misericórdia balsamise nossas aflições com o perfume do reencontro com nosso amado menino – disse Mira.

— Pedirás tu, Mira! És mais credenciada junto a Deus por teus predicados e virtudes... – asseverou Ruth com sincera convicção.

— Não digas asneiras, menina! Às vezes, sinto vontade de mimosear-te com algumas chibatadas! Estás sempre a raciocinar como criança...

Ruth deixou escapar uma risada de bom humor, enquanto Mira se pusera a resmungar.

A moça aproximara-se da balaustrada artística, que o bom gosto dos proprietários erguera, à semelhança dos belos edifícios de Roma. Em breve, os olhos negros vaguearam na distância dos campos bucólicos, que se lhe perdiam da visão.

Como seria bom se uma surpresa maravilhosa brotasse daqueles ermos na figura de um cavaleiro marcado pelo sol dos caminhos...

Havia muito os olhos da Ruth não avistavam o moço que lhe roubara o coração, embora nunca houvesse lhe confessado a doce verdade.

A lembrança permanente na jovem alma era algo semelhante às obras de magia. Quem sabe Josafá conhecia algum processo misterioso para prender corações no fascínio da saudade?

O pensamento da bela servidora vagueava pelas ruas do passado que ainda estava muito próximo. Revia o mensageiro no primeiro encontro no caminho do Hebron e aquela cena no campo, em que Marcos fora o personagem central...

Onde estaria Josafá?

Certamente, continuava na sua missão de procurar o Menino Desconhecido, que a despeito de tudo, também ela desejava conhecer.

— Ruth! Penso que já é tempo de deixar os sonhos, não é?

A voz alegre de Mira soara como um címbalo distante, sem ferir a atenção de Ruth.

Mas, naquele momento, tênue nuvem de poeira se projetava na distância. A moça acordou do enleio, exclamando:

— Mira, olha! Alguém deve chegar por aquelas bandas!

— Sim — concordou a outra —, oxalá sejam nossos amos. Já é tempo de estarem de volta.

— Permita Deus venham guiados por um cavaleiro simpático de branco... — pensou Ruth, completando os anseios da companheira, com secretos votos.

— Graças a Deus, temos a casa em ordem, não há necessidade de correrias de última hora — observou Mira.

Ruth permanecera na balaustrada, de olhar fixo no ponto em que se elevara a fumaça avermelhada, que se aproximava mais e mais.

Pequena caravana já se divisava, encaminhando-se para a propriedade. Os guias já podiam ser reconhecidos. Eram servidores da casa de Félix.

Dentro de minutos, a viatura confortável punha-se inteiro, frente a visão da moça. Os amos acabavam de chegar.

Mira encontrava-se ao portão de entrada para receber os viajantes.

Ruth deixara-se ficar no mesmo lugar. Desejava certificar-se da vinda de Josafá. A essa simples lembrança, o coração saltitava-lhe na arca do peito.

Mas, tudo indicava que o moço não participava da caravana. Pelo menos nenhum indício se fizera notar.

A alma da moça confrangera-se dolorosamente e lágrimas caíam-lhe dos belos olhos.

Ela refletia, atormentada. Afinal, o moço nunca lhe dera a menor sombra de esperança. Jamais se haviam falado, nunca houvera o mais leve entendimento verbal entre eles...

Mas, a presença dele lhe transmitia indefinível bem-estar... Sentia-se transportada a regiões desconhecidas, envolta em atmosfera de encantamento suave, quando ouvia a voz macia de Josafá.

Que estranho poder tinha aquele homem para acorrentá-la assim?

Oh! era preciso libertar-se daquele fascínio...

A pobrezinha se torturava, se torturava... Quanto mais se atormentava, mais se sentia presa à lembrança do moço.

– Ruth, minha filha, que fazes aí, chorosa e solitária?

Era Júlia que viera ao encontro da servidora, ansiosa por abraçá-la.

– Devo acreditar que minha chegada te entristeceu, querida? – continuou a matrona, atraindo a jovem num amplexo fraterno.

– Nem penseis em tal coisa, senhora! – exclamou a moça com vivacidade, enxugando as faces molhadas.

– Que te fazia chorar, então? As saudades de Marcos?

Antes que Ruth respondesse alguma coisa, Júlia concluiu:

– Trago notícias muito belas para o teu coração, querida...

Os olhos da moça continuaram molhados, mas os lábios descerraram-se-lhe num sorriso claro, como uma flor, que despontasse por entre o orvalho da noite.

As lágrimas permaneciam com a evocação de um amor sem esperanças.

Mas, o sorriso surgira com a esperança de alegrias inesperadas.

CAPÍTULO 22

Claridades novas

Na manhã seguinte, Júlia deixara-se ficar no leito até a hora do almoço para retemperar-se do desgaste de energias consumidas na longa excursão.

Tão logo se pusera de pé, procurou a companhia das servidoras.

– Deixei para hoje as novidades jubilosas, que vos trago! – começou ela, alegremente.

– Já estamos ansiosas por conhecê-las, senhora! – disseram, a um só tempo, as duas abnegadas servas.

– Imaginai que estivemos com Josafá, ontem, no caminho sul de Betânia. Informou-nos sobre Marcos, afiançando-nos que nosso menino transformou-se em esbelto rapagão, cheio de saúde física e moral...

– E o menino gosta do povoado? – indagou Mira, pressurosa.

– Marcos adora a vida entre os essênios, onde se prepara para o ingresso na seita. Os trabalhos ali são muito variados e o jovem vem se adaptando, com alegria, aos labores impostos pelos regulamentos disciplinares do povoado.

– Quando o veremos de novo? – perguntou Mira, num

desabafo irreprimível das inquietações, que lhe rendilhavam as saudades.

– Só Deus o sabe, minha boa Mira. Todavia, confiando com humildade, certamente, seremos aquinhoados com a misericórdia do reencontro do nosso amado Marcos – aduziu Júlia, com os olhos brilhantes de emoção.

– E Josafá encontrou o Infante Desconhecido? – perguntou Ruth, na secreta esperança de informações outras, as quais não se atrevia a solicitar.

– Nem Josafá, nem tão pouco nós tivemos o júbilo de topar com o Menino. É de crer-se, contudo, que Josafá colha informações seguras desta feita, visto como deverá atingir o extremo norte da Palestina, onde se situa a última cidade daquela região.

Júlia fizera pequena pausa, que foi interrompida por Mira:

– Senhora, muito temos nos preocupado com Marcos. O pobrezinho deve sentir saudades nossas e do pai...

– É verdade, querida amiga – anuiu a matrona, benevolente –, também Félix e eu temos tido inquietações por Copônio. Aliás, em Jerusalém, meu marido esteve em contato com pessoas influentes na representação do Império, de quem obteve incertas versões sobre o destino de nosso inesquecido amigo. Fala-se do expatriamento dele para uma das colônias romanas na Gália, há coisa de alguns meses. O processo parece haver demorado no Senado e somente agora houve o pronunciamento, decidindo o exílio perpétuo.

As últimas palavras de Júlia já encontraram as duas servidoras chorando.

– Pobrezinho do menino! Como irá receber a notícia? – falou Mira, compungida.

– Marcos acha-se preparado para suportar todas as arremetidas da Dor, minha boa Mira – acudiu Júlia com leve ternura na voz.

Ruth acentuou, com uma ponta de esperança:

— Talvez não seja verdadeira a notícia... Não está ainda confirmada, não é?

— Tens razão, querida filha. Nada está confirmado... — repetiu a matrona, em tom de frágil convicção.

Àquela altura, uma voz forte ecoou no limiar da sala clara, batida pelo sol matinal, que se insinuara irreverente pelas bandeirolas, que se sucediam em grande número pela parede frontal:

— Como é? Não se come nesta casa? O almoço espera-nos à mesa!

Era Félix que viera em busca da esposa para o repasto do princípio da tarde.

Saíram os dois enlaçados, carinhosamente, como dois "pombinhos" em lua de mel.

Ruth suspirou fundamente e correu aos afazeres interrompidos.

*

Cinco novilúnios passaram-se, sem que nada viesse quebrar a rotina da casa harmoniosa e feliz.

Uma tarde, porém, inesperado acontecimento pusera em rebuliço a Chácara das Flores.

Clinto, ex-escravo, que optara pelos serviços dos antigos senhores, desenvolvendo tarefas comerciais pelas províncias vizinhas, chegara acompanhado de Lisandro.

Era a primeira vez que o ancião visitava os grandes amigos da casa de Félix.

Um só pensamento afluíra a todas as mentes.

Que teria acontecido? Por certo algo de grave sucedera para que Lisandro se abalasse ao encontro dos companheiros...

O ancião saltara ainda lépido da alimária, correndo ao encontro de Júlia e de Félix, que o abraçaram emocionados e jubilosos.

Logo depois vieram Mira e Ruth, que oscularam, respeitosamente, a fronte veneranda do recém-chegado.

Grande silêncio banhou o ambiente, após as primeiras efusões embora aquelas almas ansiassem por crivar o ancião de solicitações.

Lisandro, penetrando os pensamentos mais escondidos dos amigos, foi direto à indagação coletiva:

– Trago-vos boas notícias de nosso Marcos. O rapaz cresceu, de repente, em corpo e espírito. Encontra-se entregue às tarefas do aprendizado. Muitos dos companheiros que o receberam no povoado não se acham mais lá: não puderam suportar o rigor da disciplina... Marcos, ao contrário, adaptou-se, rapidamente, como se aquela tivesse sido sempre a sua vida...

– Mas, o menino não sente saudades do pai? De nós? – indagou Mira, encorajada pela bondade a irradiar-se da alma do ancião.

– Como não? Todo coração bem formado sente com profundidade a ausência dos seres amados. Apesar disso, a saudade não tem para essas almas o sentido acre das tormentas. É doce sentimento, tecido do veludo esmeraldino da esperança. É lago tranquilo, onde o coração humilde vê refletidas a confiança e a submissão. Nosso Marcos confia e espera, enquanto trabalha e se absorve, totalmente, no grande ideal da chegada do Salvador...

Aquelas palavras, cheias de magnetismo benéfico, caíam nos corações como gotas suaves a banhar o rigor da canícula.

Ninguém pensava em quebrar o enlevo do instante maravilhoso que viviam.

O ancião continuou, benevolente:

– Falamos de Marcos. Agora, vamos ao objetivo principal de minha vinda...

Júlia e Félix sentiam-se envolvidos numa atmosfera de encantamento tão doce, que não tiveram palavras para exprimir a curiosidade dominadora.

— Amigos – prosseguiu Lisandro – não é novidade para vós o advento da Grande Estrela. Ele já se encontra nas terras abençoadas de Canaã. Há longo tempo, esforçamo-nos por justificar a causa da Grande Espera. Alguma coisa fizemos, mas não basta. Para merecermos a presença do Salvador em nossa casa, é necessário limpemos o interior do domicílio com a água do Bem.

Coloco-me junto dos amados companheiros como advogado dos mais necessitados, trazendo a preciosa senha da grande oportunidade do serviço propiciatório.

Não queremos que o Salvador nos encontre os corações vazios de interesse pelos sofredores.

Cada dia, amigos, os arredores desta região insalubre se povoam de párias e deserdados da fortuna do mundo. Assistamo-los com a bênção do carinho, aliviando-lhes, quanto pudermos, o peso das misérias.

— Que quereis, façamos nós, bom Lisandro? – interveio Félix possuído de santo entusiasmo.

— Peço-vos a Chácara das Flores, bem como as terras circunjacentes, a fim de localizarmos outro povoado, onde possamos atender aos problemas mais variados, no campo assistencial.

O pedido, caído de chofre, causara ligeiro abalo aos circunstantes. Júlia, porém, temperara-se rapidamente, e interveio, generosa:

— Félix e eu já caminhamos para a velhice, e teremos grande alegria em depositar-vos nas mãos parte do que possuímos, convictos de que sabereis empregar tudo do melhor modo, em favor dos que sofrem...

— Júlia tem razão, estou de pleno acordo – assentiu o esposo.

— Muito bem, amados irmãos. Eu não esperava outra atitude de vossos corações. Por isso fui direto ao fim. Mas, não é apenas a propriedade material que vos venho solicitar...

Ante a grande expectativa de todos, Lisandro prosseguiu:

– Ficareis trabalhando no povoado que aqui se fundará... Encarregar-vos-eis de receber e alojar os primeiros candidatos à iniciação na seita, bem como colaborareis com eles na assistência aos sofredores...

Júlia tinha os olhos cheios de lágrimas. Há muito vinha sonhando com uma tarefa desse gênero. Jamais se atrevera a solicitá-la de Lisandro. Agora, o próprio ancião lhe trazia, espontaneamente, a incumbência maravilhosa. Chegara, afinal, a tão almejada oportunidade.

Félix, porém, obtemperou:

– Não me julgo suficientemente capacitado para assumir tal compromisso. Por outro lado, Júlia e eu estamos próximos do fim. Que podemos realizar de útil na velhice?

– Lisandro veio ao mundo muito antes de nós, querido, e ainda se encontra na ativa... – acentuou Júlia, algo surpreendida, pela evasiva do esposo.

O ancião interveio:

– Félix, meu amigo, todos os dias aparecem oportunidades para o bem, mas uma só que malbaratamos é ensejo perdido... Jamais voltará.

A frágil resistência dissolvera-se no coração de Félix, ao calor da argumentação sincera e lógica.

Grave silêncio fizera-se por longos minutos, ao fim dos quais Lisandro arrematou, triunfante, com indisfarçável tom de euforia na voz:

– A Chácara das Flores será, dentro em breve, um oásis de fraternidade, sob o comando de Marcos!

Se a Grande Estrela houvesse surgido das camadas celestes naquela hora, o júbilo daqueles corações não seria maior que o produzido pela notícia, que Lisandro acabava de lhes confiar.

CAPÍTULO 23

O regresso de Marcos

A alma de Lisandro, trabalhada nas experiências mais sólidas, estava exultante. Conseguira reunir os preciosos recursos do coração e do dinheiro naquela casa feliz.

Restavam-lhe providências urgentes para o início da construção das primeiras habitações e Marcos seria, de pronto, avisado para a mudança rápida.

Antes de regressar, na manhã do dia seguinte, o ancião mantivera longos acertos com os amigos, regulamentando disposições básicas para o levantamento do povoado.

Marcos chegara duas semanas após. Vinha capacitado para dirigir o movimento, desde os mais grosseiros labores de carpintaria até os retoques artísticos, necessários à criação da harmonia, dentro da beleza singela, sem os artificialismos vulgares dos desperdícios.

Por outro lado, o jovem encontrava-se preparado para dirigir iniciativas de ordem assistencial, atendendo particularmente aos enfermos da região.

Júlia encontrava-se na plenitude de maravilhoso sonho, entrevendo as belas paisagens do amor fraterno a criar soberbos painéis, emoldurados de luzes divinas. A matrona passava à realidade com que sempre sonhara. Deus lembrara-se dela com a Misericórdia da oportunidade valiosa. As horas lhe seriam sempre iluminadas por tarefas queridas de assistência aos pobrezinhos do caminho. Depois, teriam o convívio de Marcos, com a irradiação salutar de sua meiguice. Oh! A vida será para todos um constante hino de graças ao Pai!

Félix, por sua vez, colocara-se ao lado de Marcos, com o senso prático de quem se vira envolvido em graves responsabilidades.

Ruth e Mira mal podiam dar acordo de si mesmas, estonteadas com o júbilo de chegada do jovem iniciado essênio.

A saída de Marcos, ainda menino, e o seu regresso já adolescente, assemelhavam-se às crônicas de Ester: pareciam um sonho inatingível.

O rebuliço dos corações, todavia, não perturbara a serenidade do jovem, que se mantivera, desde o primeiro dia, em posição de discreta reserva, entregue aos afazeres novos. Passava todo o dia fechado em seu aposento, e, quase sempre, Félix juntava-se a ele para o planejamento da grandiosa obra, que deveria iniciar-se em poucos dias. Era trabalho escrupuloso e demorado, cuidando-se de harmonizar a simplicidade com a arte.

O moço desenhara em placa de madeira toda a planificação do povoado, em perspectiva, levantando, ao mesmo tempo, uma base para os gastos do material a se empregar nas construções.

Desde o início ficara assentado que o material necessário seria conseguido pelos futuros ocupantes da povoação. Não se compraria um só tijolo, não se dispendiria um denário na aquisição de madeira. Aqueles que se candidatam aos benefícios da Grande Espera já sabem que o trabalho é o primeiro passo na jornada da esperança e é o supremo doador das alegrias cotidianas.

Uma tarde, após o jantar, Mira interpelou o amado menino, expressando a ansiedade geral:

– Gostaríamos de conhecer os pormenores de vossa permanência no povoado essênio...

Marcos derramou suave, mas profundo olhar na querida servidora, estendendo-o, alternativamente, aos demais circunstantes e acentuou, carinhoso:

– Conhecerás tudo, querida Mira, aos poucos. Cotidianamente, tomarás conhecimento dos dias que vivi no povoado...

– Tereis por certo, diariamente, uma hora para relatar-nos tudo, não é? – atreveu-se Ruth, vencendo a timidez diante do jovem.

– Não, bondosa Ruth. Minhas mãos falarão, meu amor se pronunciará também... – respondeu o interlocutor em suave ar de mistério.

– Não compreendo o que acabais de expor, Marcos – asseverou Júlia, também cheia de curiosidade.

– Reproduzirei aqui, dia a dia, a vida laboriosa do povoado... Será o relato de tudo quanto se passou comigo no aprendizado bendito.

As palavras de Marcos não contentaram ainda aqueles corações amantíssimos, mas conduziram-lhes à meditação compulsória dos acontecimentos e, sobretudo, da pujante personalidade que tinham diante do seu carinhoso respeito.

O jovem estava mudado, com efeito. Tornara-se reservado, quase silencioso, mas seus olhos irradiavam luz tão suave e terna que a todos envolvia em sublimes emanações. A alma derramava-se-lhe em profundos haustos de carinho para todos. Nem era necessária a expressão verbal para se fazer entendido.

Ao fim de três dias e o trabalho inicial de preparação estava pronto.

Marcos escolhera um local apropriado para a instalação de uma olaria, cuja produção de tijolos seria necessária à obra projetada.

Na semana seguinte deviam receber o primeiro contingente de trabalhadores, para início do povoado.

Entrementes, horas maravilhosas a presença de Marcos proporcionava aos seres amados, ofertando-lhes mimos espirituais de alto preço.

Deliciosos momentos de música, instantes inesquecíveis de palestras edificantes, horas adoráveis de meditação em comum, felicitaram aqueles corações queridos.

Marcos revelara-se exímio executante de alaúde e avena, e deliciava os amigos com belíssimas melodias, que se assemelhavam às harmonias saídas dos dedos de alguma entidade angélica.

Nas conversações, aparentemente despretensiosas, mostrava uma profundidade que aquelas almas mal podiam alcançar.

Tudo nele era a manifestação vívida da sublime experiência de um coração purificado nas oficinas do Amor.

CAPÍTULO 24

As tarefas novas

Marcos entregara-se aos trabalhos mais variados, que a roda-viva de atribuições, no comando das obras, lhe reclamava do esforço cotidiano.

Ruth encontrava sempre um pretexto para chegar ao local das construções, a cinco estádios da Chácara. Emocionava-se a moça ao testemunhar a energia a um tempo severa e doce de "seu menino", na administração dos trabalhos.

Quando se aproximava com o cesto de bolinhos frescos e o vaso de leite de cabras para os tarefeiros, a servidora fiel sentia os olhos turvados pelas lágrimas ao ver as mãos belas de Marcos tão maltratadas pelo serviço grosseiro da cerâmica.

A moça não compreendera, ainda, o motivo daquela "extravagância". Onde se vira um jovem de saúde delicada entregar-se, sem descanso, àquelas tarefas rudes?

Acostumada a presenciar a vida ociosa dos romanos, numa casa senhorial, a moça registrara aquelas notas impressivas, que lhe marcaram a infância e a juventude de profundo respeito pelos ricos patrícios, cuja posição deveria ser, compulsoriamente, diferente do comum.

Habituara-se a sentir nos afortunados do mundo criaturas infensas às lutas ordinárias da vida.

E ali achava-se Marcos a realizar trabalhos grosseiros, que deveriam tocar apenas à plebe, sem dinheiro e sem esperanças.

Como brilhavam os olhos do jovem no tumultuar da labuta diária! Ora dirigindo, com severidade fraterna, duas dezenas de companheiros, que lhe obedeciam satisfeitos, ora desempenhando ele próprio as funções de oleiro e carpinteiro.

Os novos companheiros de Marcos vieram de pontos diversos da Judeia e de regiões vizinhas, inclusive da Pereia, de onde aportaram dois moços de compleição robusta. De Gaza apareceram alguns idealistas, dispostos ao cumprimento da disciplina rígida, que os habilitaria ao sonhado ingresso na seita.

Outras localidades judáicas estavam ali representadas por homens cheios de profundo júbilo e esperança.

A atmosfera, no local de trabalho, envolvera-se de harmoniosas vibrações, emanadas dos propósitos santificantes daqueles corações, nas tarefas diárias.

Silenciosos, aqueles homens obedeciam às ordens de um jovem, com o respeito que dispensariam a um ancião de longas barbas brancas.

A realização gradual dos ideais da Grande Espera iniciava-se pelos labores materiais, no esforço do levantamento das habitações próprias, porém, já podiam avaliar o pulso firme que os orientava. Dentro das obrigações rotineiras, compreendiam o poder daquela vontade disciplinada, que se impunha pela força da própria exemplificação.

As moradas surgiram, uma a uma, no cenário alegre da propriedade doada por Félix à comunidade essênia. Eram construções singelas, porém, sólidas e atraentes. O teto alto dava livre passagem ao ar purificador da orla marítima. As paredes claras e lisas dos aposentos interiores eram rasgadas de espaço a espaço por amplas janelas.

A entrada das casas caracterizava-se por colunas, que sustentavam o teto, alinhando-o em semicírculo.

As habitações não estavam concluídas, mas já se podia assinalar-lhes o bom gosto do acabamento próximo.

Marcos reunia-se aos companheiros, diariamente, três vezes

para o culto ordinário da seita, apontando sempre os deveres da semeadura para os júbilos da colheita, e pontificava, com a palavra e o exemplo, que as tarefas deveriam ser realizadas com o propósito divino de receber a Grande Estrela, em alegria e santidade...

Ruth, quase sempre presente ao culto, recolhia com enlevo as palavras do moço, com o ingênuo orgulho, que marca o coração materno de doces arrebatamentos.

Como era sábio e belo o "seu menino"! Crescia em sabedoria, como Enviado do Pai que, sem dúvida, descera dos Céus para o engrandecimento da palavra divina entre as criaturas.

Uma tarde, no regresso à Chácara das Flores, Marcos aproximara-se da moça, contrariamente aos seus novos hábitos, e dirigiu-lhe a palavra, esclarecendo:

— Ruth, nossa tarefa no mundo deve crescer cada dia. Avolumam-se os deveres, exigindo-nos abnegação, esquecimento de nós próprios...

A moça exclamou, exultante:

— Bem bom! Será maravilhoso o trabalho ao vosso lado. Eu terei o amparo de Deus, graças a vós!

O moço voltara-se para a distância do caminho! As montanhas perdiam-se na verdura longínqua e a fímbria do horizonte parecia mais azul e mais brilhante ao impacto dos derradeiros raios solares.

De ambos os lados, emparelhavam-se grupos de companheiros, em cujas fisionomias refletiam-se as luzes interiores da esperança mais pura.

Marcos continuou, após breve pausa:

— Seremos alcançados por tremenda luta, mas delas haveremos de triunfar com as bênçãos de Deus.

Vários rostos ansiosos voltaram-se para Marcos, como a solicitarem uma explicação.

O moço entendera o silencioso apelo e fora ao encontro da ansiedade geral, comentando:

– Não me compete adiantar informações, cabe-me tão somente o dever de avisar os companheiros sobre acontecimentos que nos afligirão dentro em breve, a fim de que nos preparemos para o bom combate.

O cometimento do preparo impõe-se-nos, mesmo quando ignoramos a causa e os pormenores dos testemunhos que nos aguardam – concluiu Marcos, em tom sentencioso.

Um silêncio longo envolvera aqueles corações.

A Chácara das Flores aparecera, dentre a folhagem rica, muito branca e acolhedora.

Os trabalhadores atingiram, em poucos minutos, o pórtico magnífico da bela propriedade, que os patrícios romanos, tão generosamente, colocaram na dependência direta da seita de Lisandro.

Após a purificação do corpo na piscina, os tarefeiros ocuparam a grande mesa, preparada com carinho por Júlia e Mira, na varanda florida, que dava entrada para os aposentos interiores da casa. Pães frescos de trigo, romãs e figos espalhavam-se artisticamente para os comensais da Nova Seara, que se acobertavam sob o pálio da Grande Espera.

– Oremos em alegria e esperemos em confiança – disse Marcos, de pé enquanto os companheiros se colocavam na mesma posição –, Deus é nosso eterno manancial de alegrias. Busquemo-lo no serviço incessante e conquistaremos uma fonte de júbilos imorredouros.

A oração, em comum, foi endereçada ao pai Altíssimo, em cânticos de louvor à Sua Divina Misericórdia, entoados por Marcos.

O Sol desaparecera no horizonte e as primeiras estrelas vieram encontrar o grupo silencioso ainda à mesa fraterna e generosa.

Os corações envolviam-se em maravilhosos recursos de alegrias, olvidando as pungitivas aflições, que os dominaram horas antes.

CAPÍTULO 25

Espinhos e flores no jardim da esperança

Oito meses decorreram na faina ininterrupta daqueles obreiros da Vontade Divina.

No preparo das moradias para o corpo, buscavam o abrigo sacrossanto da renúncia aos mil pequeninos vícios, que ainda lhes ensombravam as almas.

A palavra e o exemplo de Marcos eram permanentes estímulos às tarefas da santificação.

Aquele jovem, mal saído da adolescência, retratava a pureza comovedora dos grandes Enviados.

Desde o aviso, lançado pelo moço, de que uma calamidade se avizinhava, todos se puseram em posição mais firme de fortalecimento, na oração e no jejum, entregando-se de bom grado à abstinência de alimentação mais pesada, em determinados dias da semana, embora Marcos houvesse esclarecido, respeitosamente, que a oração ao Pai e o esforço para a libertação dos vícios deviam ser colocados na primeira plana das preocupações individuais.

– Avancemos na experiência do trabalho, no sentido particular de melhorar nossa posição íntima e no caráter geral do bem-estar comum. O resto é coisa secundária, que Deus levará na conta de nossos méritos.

Aquelas elucidações surpreenderam ligeiramente os companheiros de Marcos, embora se conservassem no silêncio do recolhimento, como sempre.

Eis, porém, que uma voz de timbre simpático levantara-se:

– Mas, como nos prepararemos para enfrentar os dias difíceis a não ser pela oração e pelo jejum continuado?

Marcos atendeu com benevolência ao jovem judeu, que o abordara:

– Cuidemos de nossa limpeza interior, evitando que maus pensamentos nos visitem a mente e que maus desejos enlameiem-nos os corações, e estaremos, automaticamente, defendidos contra as tempestades da jornada.

Aqueles homens idealistas curvaram-se à compreensão daquelas verdades novas; nenhuma voz se erguera para outras réplicas. A verdade brilhava e todos aceitavam-na, embriagados de júbilo.

A Chácara das Flores convertera-se em sede de assistência aos mais necessitados, que por ali transitavam.

Júlia movia-se o dia todo, atendendo às tarefas novas. A generosa matrona amava o atendimento às crianças, que, diariamente, batiam-lhe à porta, trazidas pelas mãos indigentes, provindas das redondezas, atraídas pela fama da caridade que se projetava daquela casa.

Júlia distraía-se em colóquios carinhosos com aqueles botõezinhos de carne, que mal despontavam para a vida e já conheciam o aguilhão da miséria.

Certo dia, Júlia atendera, à soleira, uma mulher maltrapilha que conduzia duas meninas franzinas e tristes.

O coração da matrona confrangera-se àquele espetáculo deprimente. Como que se sentia culpada daquela miséria, pois não possuía ela recursos para garantir o bem-estar das pobrezinhas? Sim. Podia cuidar delas, devolver-lhes a saúde, que talvez nunca conheceram. Por que ainda vacilava?

Esses pensamentos tumultuavam no cérebro da nobre senhora, enquanto contemplava as duas meninas quase esqueléticas, sentadinhas displicentemente à soleira.

Ao mesmo tempo que desejava acolher nos braços carinhosos aqueles entezinhos sofredores, terrível hesitação assenhoreava-se-lhe o coração. Sentia que a hora não havia soado ainda para a acolhida definitiva aos sofredores.

Todavia, as duas crianças lançavam-lhe olhares repassados de tímida desesperação, como a rogar-lhe que as tomasse sob a proteção amiga daquele teto, que as amparasse nos caminhos da vida.

Júlia decidiu-se, por fim, anulando os frágeis vestígios de hesitação:

– Queres deixar tuas filhinhas comigo, boa mulher? Cuidarei que nada lhes falte e zelarei pelo futuro dessas criaturinhas...

A mulher erguera os olhos encovados, em que se lia profundo abatimento e exclamou num quase grito de desespero:

– Queres tirar-me a única coisa que possuo? Não terei, acaso, o direito de carregar o fardo que a vida me confiou?

Amargurante surpresa apunhalou o coração de Júlia. Embora reconhecesse justa a revolta daquela mãe, não podia avaliar dores daquele gênero. Mais que nunca, a matrona sentia a inutilidade de sua vida até então sem objetivos. E avolumando-se-lhe no coração o fortalecimento para a luta, que lhe cumpria desenvolver a fim de convencer aquela infeliz mulher, afirmou:

– Contudo, é necessário que deixes tuas filhinhas aqui. Que te adiantaria, pobre mulher, a companhia de duas crianças enfermas? Hoje as tens... Amanhã, talvez, a moléstia e a fraqueza as arrebatem para sempre...

A outra parecia meditar no que acabava de ouvir. Mas, retorquiu, após dolorosa pausa:

– São minhas e tenho o direito de vê-las morrer comigo! Dei-lhes a vida, por que não me podem elas conceder a alegria de tê-las ao meu lado? Jamais me afastarei de minhas filhas!

Júlia observava a infeliz interlocutora, com os olhos marejados, compreendendo-lhe o drama íntimo e justificava-lhe a explosão de revolta. Todavia, prosseguiu:

– Entendo-te a dor, boa mulher, contudo, precisamos – tu e eu – fazer alguma coisa por essas infelizes crianças.

E a nobre matrona aduziu, com simplicidade:

– Vê se teu coração de mãe sugere alguma coisa, alguma possibilidade confortadora...

A mulher exibiu os olhos dilatados pela surpresa e recolheu-se à sua revolta por alguns momentos, sem que Júlia lhe interrompesse o silêncio significativo.

Alguns minutos depois, a mendiga fitou calmamente a generosa patrícia e esclareceu:

– Sou mãe e não desejo ficar longe de minhas filhas. E vós quereis mantê-las ao vosso lado... Então... Então, só vejo uma saída...

– Sim, qual é? – interrompeu Júlia, fundamente interessada.

A outra fitou-a de novo e acrescentou, num leve tom de malícia:

– Aceitai-me também à vossa casa. É o único recurso.

Júlia exclamou, num quase grito de alegria:

– Como não havia pensado nisso, boa mulher! Está tudo solucionado; ficarás conosco.

E passando os dedos finos nos cabelos esguedelhados e sujos das duas crianças, atraiu-as ternamente para o interior da confortável vivenda, acompanhadas da maltrapilha genitora.

Um novo dia surgira para aqueles destinos, que começavam a despontar nos horizontes da vida.

Mas estava escrito que a chama brilhante da esperança exigiria alto preço à generosa casa e aos abençoados corações de seus moradores.

CAPÍTULO 26

O primeiro testemunho

Os dias arrastavam-se no ambiente de inquietações, em que se convertera a casa generosa do Hebron.

Júlia desdobrava-se em cuidados e carinhos junto das duas pupilas, que lhe tomaram de assalto o coração maternal.

As pequenas achavam-se abatidas, acometidas por destruidora anemia. Pareciam cada dia mais enfraquecidas, apesar dos esforços da matrona para debelar o mal, auxiliada por Ruth e assistida pela bondade de Marcos. O jovem, ao tomar conhecimento do belo gesto da matrona, não escondeu a satisfação, mas revelou com a franqueza característica de seu temperamento:

– Não tenhamos dúvidas: o Pai nos fornece os instrumentos da provação pelas frágeis mãos destas pequeninas...

Júlia encontrava-se por demais enternecida com a presença das meninas e não se abalou com a grave advertência de Marcos.

E os dias passavam, envolvidos na atmosfera umbrosa de preocupações.

A mãe das meninas, cujo nome era Lídia, fora alojada em confortável aposento, afastado das dependências principais da vivenda, o que pareceu desgostá-la, de início.

As garotas atendiam por Letícia e Cornélia, fato que deixava entrever influência romana muito próxima.

Letícia – a mais velha, com cinco anos – detinha indefinidos traços. Ninguém poderia fixar-lhe as linhas inestéticas do rostinho claro, marcado de pontinhos escuros, oriundos de indelicada pigmentação.

Cornélia apresentava tipo diverso. Era morena de olhos escuros e vivazes, e conjunto fisionômico de caracteres harmoniosos.

Júlia achava-as lindas e não se cansava de mimoseá-las com o carinho de sua ternura. Mas, todos os cuidados foram impotentes para deter a marcha rápida da terrível anemia, que se apresentara primeiramente em Cornélia. Por fim, violenta febre tomou a criança, atingida por terrível infecção.

Marcos abandonara, temporariamente, seus afazeres no povoado nascente para auxiliar a bondosa Júlia, na assistência à enferma.

O moço sugeriu, de início, o isolamento da doentinha, proibindo a entrada de outras pessoas no quarto, a não ser ele e a matrona.

Lídia tomara-se de ressentimento diante das providências, negando-se a atender à proibição. Era mãe da criança e ninguém a impediria de estar junto da filhinha.

Júlia, na sua generosidade simples, considerou muito justa a atitude da protegida.

Marcos, porém, opôs-se, com energia:

– Ninguém entrará no quarto! A moléstia tomará a população, se não houver cautela e prudência.

Lídia acomodou-se, aparentemente; ruminando pragas e maldições, pusera-se a transmitir sua revolta pela casa inteira.

Uma semana passara-se sem que a febre fosse anulada. Marcos e Júlia revezavam-se à cabeceira da enferma. O jovem manipulava uma poção medicamentosa, cuja prescrição, excelente para tais casos, trouxera da experiência junto de Alexandre.

Os olhos claros do rapaz espelhavam-lhe a íntima preocupação. Sabia tratar-se de perigosa manifestação de febre maligna, contra a qual pouco, ou quase nada, se poderia fazer. Mas a confiança na Luz, que Deus enviara ao mundo, era muito forte, mais poderosa que a desesperança da cura de Cornélia.

Certa manhã, Júlia encontrava-se abatida pelo cansaço, todavia, mostrava-se corajosa. A ternura transbordava-se-lhe do coração e parecia atingir o corpinho da frágil doentinha, que se animava ao contato acariciante das mãos de sua protetora. Leve e calmo sono envolveu a menina, parecendo convidar os abnegados enfermeiros a ligeira pausa na vigília.

Marcos pediu, baixinho, à Júlia:

– Descansai um pouco, no triclínio. Quanto a mim, tomarei um pouco de ar, na janela do aposento próximo...

A matrona atendera à sugestão, recostando-se no móvel, junto da parede fronteira, enquanto Marcos se dirigia à sala contígua.

Lá fora, o Sol endereçava raios de vida à Terra...

*

Lídia encontrava-se, com a pequena Letícia, no pátio da Chácara. Seu vulto esguio denunciava antiga beleza, que as asperezas da miséria tornara macilenta e enferrujada. Os olhos retratavam-lhe as tormentas íntimas. Era uma insatisfeita doentia. Outrora gozara de certa abastança, mas imprudências do marido – um litor cheio de vícios – acabaram por reduzir a pequena família aos extremos da miséria, enquanto ele próprio fugira às responsabilidades de chefe doméstico e das funções policiais, retirando-se para local ignorado.

Lídia entregara-se ao desespero e posteriormente buscara aviltação do corpo, para garantir a subsistência própria e das duas filhinhas. Mas, sobrevieram as enfermidades e a infeliz mulher preferiu entregar-se ao ódio pela espécie humana, que levantar-se no trabalho digno.

Agora, via-se amparada numa casa confortável cercada das garantias do bem-estar, inclusive da presença das filhinhas.

Animava-a, porém, aquele ódio surdo de todos, principalmente dos que possuíam os bens da fortuna e da saúde.

Júlia, especialmente, Lídia não suportava. Odiava aquela mulher rica que, dia a dia, roubava-lhe o carinho das filhas.

A Marcos, também, consagrava ela injusto desprezo. Que direito assistia ao jovem proibi-la de estar junto da filha? Quem sabe se aquele mocinho, com aparência de anjo, não arquitetara algum plano tenebroso para matar-lhe a filha, através de beberagens diabólicas?

Oh, esses patrícios romanos sempre encontravam algum motivo para atormentar a plebe indefesa!...

A infeliz mulher avistava o jovem na janela, ao alto, e mais se lhe crescia a fúria interior.

Não, não ficaria mais parada ali. Veria Cornélia, custasse o que custasse e Letícia também avistar-se-ia com a irmãzinha, de quem já sentia saudades.

Mal pensara, tão logo convertera em realidade a lembrança criminosa. Atravessou, furtiva e rapidamente, o grande salão de entrada e penetrara no aposento, onde se encontrava a enferma, acompanhada da filhinha mais velha, passando pela porta entreaberta.

Ao fundo, Júlia dormitava, suavemente, enquanto Cornélia, de pálpebras cerradas, dormia.

Lídia acercara-se da cama luxuosa, recoberta de finos lençóis. Por vários minutos ficou a contemplar o rostinho da menina, corado pela febre.

Letícia olhava tudo, com infantil surpresa. Nunca vira um quarto tão belo.

A mãe observava, também, com despeito irreprimível, e no coração brotara-lhe audaciosa ideia: não ficaria mais naquela casa. Nem ela, nem suas filhas. De que lhe valeriam morada principesca, quando jamais passariam de servas? Não! Aquela odiosa patrícia nunca teria escravas romanas! Sim. Como justificar o interesse da matrona por elas, senão pelo fato de fazê-las propriedade sua? Não esperaria mais. Aquele era o momento propício para a realização do plano, que se lhe delineara na mente doentia. Carregaria as duas meninas, enquanto o aposento estava sem vigias.

Tomou a enferma nos braços magros e saiu do quarto pé--ante-pé, acompanhada de Letícia.

Cornélia abriu os olhos, sem nada entender.

A mulher atravessara rapidamente o vasto salão e ao tomar a porta do pátio, uma voz a deteve, energicamente:

– Volta, mulher! Estás louca?

Era Marcos, que dera pelo acontecido e já a alcançava, fazendo-a retroceder.

Júlia despertara, sem compreender o que se passava. Quando deu com o leito vazio, saiu precipitadamente, encontrando o grupo de volta.

Marcos penetrara no aposento, trazendo nos braços a criança enferma, enquanto Lídia se afastava, visivelmente revoltada.

Sem uma palavra, o moço colocou o leve fardo na cama rica. De seus olhos mansos, rolavam duas lágrimas cristalinas.

Júlia entregara-se a copioso pranto, sem mesmo saber do que se tratava.

Lá fora, o Sol já não parecia sorrir. Um manto de sombras assenhoreara-se dos corações.

Havia soado a hora do primeiro testemunho.

CAPÍTULO 27

Imprevistos

A noite que se sucedera aos fatos narrados anteriormente, fora de intensas preocupações para a pobre Júlia. Nem sequer um minuto desprendera-se de junto da enferma, que delirava, presa de febre alta.

O coração sensível de Marcos, que não havia aprendido ainda o controle absoluto das emoções, participava daquela pungitiva aflição...

Desde a tarde da véspera que a criança se encontrava naquele estado.

Marcos preocupava-se, por outro lado, com Letícia, que poderia contrair a moléstia de uma hora para outra.

O moço conhecia de perto a enfermidade cruel, que tinha diante de si.

Já uma vez, quando no povoado, havia presenciado a um surto epidêmico, que dizimara dezenas de criaturas, em região próxima.

Vieram, então, alguns portadores solicitar socorro na povoação essênia.

Alexandre convocara três auxiliares para assistirem aos enfermos, no próprio local, e Marcos fora um dos escolhidos para a espinhosa tarefa. Lutaram, durante dias, com a epidemia, sob a orientação de Alexandre.

O jovem testemunhara numerosos casos fatais, em que a moléstia zombara de todos os cuidados e recursos. Foram dias de grandes choques emocionais para Marcos que, pela primeira vez, era chamado a participar de quadros tão tristes.

Estivera dias e dias impressionado com os horrores que a morte infunde nos lares, deixando corações maternos alanceados e desolando almas, que ficam desertas de esperanças.

Havia alguma coisa que não podia compreender, com absoluta nitidez, sobre os problemas da imortalidade da alma. Como passaria a viver a alma que se evola do corpo?

Sentia a Misericórdia de Deus e aceitava, mesmo sem compreender, a Justiça do Altíssimo, mas não se dispusera a interrogar Lisandro a respeito da sorte dos que penetram os umbrais do sepulcro.

Esses pensamentos dominavam a mente do moço, enquanto seus olhos buscavam a figura sofredora de Júlia. Por nada, neste mundo, desejaria ver as lágrimas de desespero nos olhos da amada hospedeira e quase mãe.

Entrementes, a pequenina delirava, pronunciando nomes desconexos para cair, logo depois, em profunda prostração.

Marcos buscava com ardor a presença do Pai, através de orações sentidas, naquela hora de angústias inenarráveis.

As primeiras horas da madrugada já se anunciavam e a febre continuava ameaçadora. A pequena contorcia-se de maneira impressionante, sob fortes dores intestinais.

Todos os recursos conhecidos pela experiência de Marcos achavam-se esgotados, sem o êxito almejado.

Por mais de uma vez, o jovem rogara forças aos poderes Divinos para não desfalecer na sua fé e na sua coragem, a fim de fortalecer o ânimo de Júlia.

Nada mais havia a fazer senão esperar, confiando na Misericórdia de Deus.

A luz das primeiras horas insinuava-se numa fresta da janela ampla e a menina contorcia-se, sem forças para chorar. Marcos lembrara-se de colocar a destra sobre o ventre da enferma.

O contato daquelas mãos carinhosas transmitira generosa dose de alívio à doente, que pouco a pouco se aquietara sobre os finos lençóis.

O processo sedativo, ele o aprendera no povoado. Muitas vezes vira enfermos tomados por dores agudas acalmarem-se ao receberem uma daquelas aplicações.

O recurso maravilhoso dava resultado magnífico no corpinho de Cornélia, graças à Misericórdia do Criador. Lágrimas suaves banhavam os olhos doces do moço, enquanto a destra se alongava no abdômen da enferma, que adormeceu mansamente.

Júlia aproximara-se a um sinal dele, observando, a chorar, as melhoras da criança, possuída de júbilo indescritível.

Agora, a destra de Marcos pousa, suave e terna, na fronte da menina como a chamar-lhe à vida em haustos generosos.

As aves madrugadoras lançavam as alegres clarinadas matinais, ao mesmo tempo que Marcos anunciava que a doentinha ganhara melhoras, devendo entrar em confortadora fase de recuperação física.

O aposento, horas antes ensombrado e triste, encontrava-se em plenas núpcias com as luzes da esperança.

Júlia tinha ímpetos de atirar-se aos braços daquele jovem – seu filho pelo coração – e gritar-lhe o reconhecimento que lhe dominava a alma sensível.

Mas, o momento ainda era de expectativas. Ninguém, até então, morrera por guardar, por mais algumas horas, as alegrias na arca do peito.

O moço entendera os pensamentos da matrona e lhe dirigia olhares de compreensão e nos lábios afloravam-lhe as flores do jubiloso sorriso.

CAPÍTULO 28

Lutas abençoadas

Pela manhã, Júlia apressou-se a levar à casa toda, a alvissareira notícia das melhoras de Cornélia.

Ruth e Mira recolheram com efusões amorosas a confortadora informação. Durante aqueles dias tormentosos, as abnegadas servidoras mal se continham, no afã de auxiliar a valorosa ama nas tarefas da assistência à enferma, a quem se haviam afeiçoado.

O primeiro gesto de Ruth ao saber das melhoras da menina, fora levar a nova à Lídia. Correra ao aposento da mulher e batera-lhe de leve à porta, sem obter qualquer resposta. Insistiu mais fortemente, sem o menor êxito. A moça não se contém e chama:

– Lídia! Lídia! Abre-me a porta porque te trago excelentes notícias de Cornélia!

O nome da menina parece haver despertado a locatária ingrata. Lá de dentro, uma voz cavernosa atendeu:

– Estou muito doente... Quem bate?

– Sou eu... Ruth! Manda Letícia abrir-me a porta!

Um grito de desesperação ecoou, tragicamente, quarto a fora:

– Letícia! Letícia! Minha filha está morta!

– Deus! Que dizes, Lídia? Estás louca, certamente! – exclamou Ruth, forcejando a porta, no supremo esforço para abri-la.

Àquela altura, a porta moveu-se lentamente ao impulso frágil, que vinha do interior e abrira-se por fim, dando passagem à figura esguedelhada de Lídia, que saíra a gritar, presa de indescritível desespero, pela casa silenciosa.

Ruth penetrara o aposento, com as faces lívidas pelo choque inesperado.

Jogada ao leito, em desalinho, a pequena Letícia jazia sem vida.

A moça, ofegante e trêmula, aproximara-se do cadáver. Nos primeiros instantes imobilizara-se, qual estátua, sem saber o que fazer.

Longos minutos de estupefação dolorosa prenderam-na junto de Letícia, quando Marcos e Mira vieram conhecer o ocorrido, em face dos gritos de Lídia, que saíra, como louca, pelo pátio.

O jovem inteirara-se do acontecimento. A menina contraíra a enfermidade insidiosa e o organismo não resistira ao contágio. O coração fora atingido, violentamente, deixando-lhe manchas violáceas nas mãos e no rosto.

Ali estava o que ele tanto temera! Não havia mais recursos capazes de deter a onda avassaladora. Que o Senhor se apiedasse de todos!

Ambos trataram de vencer a emoção dolorosa e iniciaram as providências para o sepultamento do pequeno cadáver, com máxima rapidez. Não havia tempo a perder.

Ruth organizou num só montão toda a roupa espalhada no aposento, inclusive colchões e lençóis. Tudo seria imediatamente destruído pelo fogo, em obediência às ordens enérgicas de Marcos.

Mira envolvera o corpinho de Letícia em alvíssimo lençol e tomou-o nos braços ainda fortes. Em breves minutos a velha serva, acompanhada de Marcos, encontrava-se a caminho do outeiro próximo, a cinco estádios da propriedade, ao lado norte.

Revezavam os dois no transporte fúnebre e atingiram a pequena elevação, onde Marcos, que havia tomado o cuidado de municiar-se de ferramentas, pusera-se a escavar a rocha escura.

A tarefa fora difícil e árdua para as forças do moço, alquebradas pelas vigílias.

Concluído o serviço, ela depositara o corpinho gelado no sepulcro improvisado.

Ambos choravam ao peso das emoções. Marcos recolhera-se no silêncio por alguns minutos, em seguida erguera a bela voz, em comovente rogativa, que Mira acompanhou, soluçante:

– Pai Amado! Pedes a volta de tua filhinha e não sabemos quais os teus Desígnios, mas conhecemos a reta Justiça de Tua Vontade. Ignoramos ainda o destino que reservas aos mortos, mas confiamos na Grandeza de Tua Misericórdia.

Estende, pois, Tuas Mãos dadivosas sobre este Anjo, que volta para o Teu Seio de Luzes.

Após cumprir o dever melancólico, eles voltaram, silenciosos.

O Sol ardia, na plenitude da hora terceira, mas a casa envolvera-se num manto de sombras, conturbando aqueles corações amantíssimos.

O moço pensava agora sobre a calamidade que atingira fatalmente a Chácara das Flores:

– Como levaria a ocorrência à Júlia? Pobre senhora! Estava tão jubilosa com as fases iniciais da recuperação de Cornélia!

A essa altura, outro pensamento cruzara-se com as lembranças tormentosas do jovem: – E Lídia? Que seria feito de Lídia?

Mira encarregara-se de procurar a infeliz criatura, resultando infrutíferas as buscas por toda a casa.

Alguns serviçais informaram que a haviam visto atravessar a correr, em direção ao povoado nascente.

Efetivamente, Félix, que passara todo o dia naquele local, em obediência às recomendações de Marcos, voltava de lá com a notícia da chegada de Lídia, acrescentando que esta fizera trágico estardalhaço, gritando que lhe fossem ver a filhinha morta.

Em poucas palavras, Marcos pusera o generoso amigo a par da situação aflitiva, recomendando-lhe serenidade e confiança em Deus.

O moço correra em busca de Lídia. Se ela estivesse com a febre, haveria, em pouco, um surto de consequências imprevisíveis.

Cansado e abatido pelo esforço da caminhada e pelas emoções sucessivas, Marcos alcançara o povoado, acompanhado de Ruth.

Àquela hora do dia, os companheiros encontravam-se na olaria.

Muito difícil seria localizar Lídia. As casas estavam abertas, conforme o costume essênio.

Separaram-se os dois, dividindo-se entre si a tarefa da procura, em pontos diferentes.

Marcos fora o primeiro a divisar o corpo imóvel de Lídia, no desvão de uma esteira coberta de tecido grosso. Os lábios tremeram-lhe levemente, enquanto se debruçava sobre o corpo magro para levantá-lo e colocá-lo no leito alvo.

O coração da infeliz ainda pulsava, num ritmo fraquíssimo. Havia vida ainda. Enquanto há vida, há esperanças.

Marcos apanhara os recursos às mãos para fazer a enferma

voltar a si. Correra ao armário rústico, de onde retirara um frasco com substância medicamentosa, extraída de raízes, introduzindo a custo, pequena dose na boca da doente, ao mesmo tempo que lhe esfregava a fronte com um pano embebido em vinagre de uvas silvestres.

Pequeno movimento das pálpebras enrugadas anunciaram a volta da vida e descobriram-se-lhe os olhos indagadores e atormentados.

Nenhuma palavra, a princípio. Depois, aquela boca se abrira para o fel da revolta. Exclamações sujas que teriam confundido um espírito menos prevenido que o de Marcos.

O moço, porém, havia aprendido a grande lição do silêncio e da tolerância, e recebia aqueles insultos como o natural desabafo de um coração em desespero.

Ruth chegara afobadíssima. Penetrara em todas as casas da ala fronteira, na procura inútil e viera até ali atraída pela voz de Lídia.

Surpresa e revolta assomaram à alma da moça.

Estupefata em face da serena complacência de Marcos ante as palavras injuriosas daquela mulher, e revoltada frente os baixos sentimentos da criatura, cujo orgulho não se vergava nem diante da dependência e do benefício recebido.

– Por que não fazeis esta víbora calar? – exclamou Ruth, impetuosamente.

– Se as víboras conhecessem as belezas do ósculo puro, não instilariam veneno mortífero...

As palavras do moço caíam mansas, qual brisa doce, no ardor da canícula, por entre as injúrias de Lídia.

Ruth impacientara-se, sentindo que Marcos falava baixinho no visível intuito de não ser ouvido pela infeliz. Não queria feri-la. Aquilo era demais!

— Fazei-a calar, se não faço-o eu, com uma pancada na boca imunda!

— Que é isso, Ruth? Nunca te vi assim irritada... Garanto-te que tuas palavras me ferem muito mais que as desta pobre mulher, porque conheço-te o coração generoso e percebo, agora, que ainda existe em ti a gama da maldade. Pede a Deus que te perdoe as palavras impensadas. Vamos, Ruth, não te detenhas em pensamentos infelizes.

A voz de Marcos tinha inflexões de energia, misturada ao carinho fraterno.

A moça pôs-se a chorar baixinho, soluçando qual criança apanhada no flagrante das travessuras.

O jovem pousara-lhe a destra nos ombros, enquanto novamente falava, num sorriso apenas esboçado:

— Assim é que gosto de ver-te, minha boa Ruth!

Um sorriso claro começou a brincar na boca de linhas suaves da formosa serva, enquanto as lágrimas lhe molhavam os negros olhos.

Marcos aduziu num acento carinhoso:

— Agora, mãos à obra! Há muito o que fazer.

Ambos entregaram-se ao trabalho de assistência à enferma, em significativo silêncio.

CAPÍTULO 29

Divagações na dor

Durante duas semanas, Lídia estivera entre a vida e a morte. Mas a dedicação de Marcos e de Ruth não permitiu uma trégua ao vírus destruidor. Pouco a pouco, a febre cedera e a infeliz entrava em franca recuperação das forças físicas.

A enferma ficara totalmente separada dos moradores do povoado, como medida preventiva para evitar-se o contágio.

À medida que se restabelecia, Lídia mais se irritava com tudo e com todos. Marcos, especialmente, era objeto da descabida repulsa dela. Acusava-o de lhe haver matado a filhinha e prometia a si mesma encontrar um meio de conduzir aquele romano aos tribunais do Império. Levaria sua queixa diretamente ao Pretório, se tanto fosse necessário. Só esperava poder andar e arrastar-se-ia a Jerusalém. Tudo seria solucionado pela justiça.

A infeliz ruminava esses e outros pensamentos o dia todo e os exteriorizava em imprecações atrevidas, frente a frente com o moço.

Marcos, como sempre, ouvia em silêncio e, às vezes, meditava na estranheza do coração humano:

— Até quando a criatura se prenderia nas malhas da incompreensão e do erro?

Mas, a angústia do jovem não durava, de vez que outras preocupações lhe absorviam o interesse imediato.

Algumas moradas estavam por concluir e era preciso atender ao serviço de fiscalização, há vários dias interrompido.

Numerosos pedidos foram encaminhados ao moço para admissão de candidatos ao aprendizado essênio. Ele aguardava uma pausa nas tarefas para ir ter com Lisandro e se aconselhar com o ancião acerca do novo problema.

Mas, a enfermidade de Lídia se constituía em barreira difícil. Não deveria o moço expor o velhinho ao contágio da moléstia.

Naquele justo momento, em que o jovem se entregava a essas reflexões, a bondosa Ruth procurou-o, algo transtornada.

– Rogo-vos permissão para regressar à Chácara. Não me sinto bem...

Marcos tomara-lhe as mãos, sondando-lhe as pulsações. Não havia dúvidas. A febre era visível, iniciando a obra devastadora no organismo da moça.

– Ficarás aqui, minha boa Ruth. Não devemos expor nossos amigos ao contágio – aduziu o jovem com expressão carinhosa.

A servidora assentira com pesar, que os olhos expressivos registraram. Incontinênti, acomodou-se na sala destinada aos estudos, entregando-se aos cuidados de Marcos.

Naquela tarde, quando os companheiros voltaram do trabalho, ele chamou Joel, um dos muitos judeus, que se candidatavam ao ingresso na seita, entregando-lhe uma parte do serviço de auxílio às enfermas.

O convocado era ainda muito moço e mostrava-se jubiloso com a nova tarefa.

Ruth delirava, com febre alta, horas depois. Por vezes, os membros inferiores tornavam-se-lhe frígidos, obrigando os enfermeiros ao desdobramento abnegado.

Passaram-se três dias, sem que ninguém da Chácara viesse buscar notícias de Lídia. O próprio Marcos proibira tal providência.

À tardinha, o moço encontrava-se à cabeceira de Ruth, enquanto esta alcançara alguns momentos de sereno repouso.

Grande silêncio envolvia a casa deserta e o coração do rapaz confrangia-se dolorosamente. Ele não sabia o motivo daquela angústia e a atribuía ao cansaço dos últimos dias, quando sequer tivera tempo para o Culto a Deus ou para a purificação matinal, através das abluções costumeiras. Embora o coração estivesse em constante harmonia, o moço não se sentia satisfeito.

Precisava orar, como sempre, levantando a voz comovida, em cânticos ardentes.

Assim reflexionando, o jovem pusera-se a emitir súplica fervorosa ao Todo-Poderoso, em favor de todas as criaturas ameaçadas pela enfermidade.

Não havia terminado a rogativa, e Félix entrava quarto a dentro, com a fisionomia lívida, aproximando-se do moço a quem faz um sinal com o indicador, apontando a direção da Chácara. Em seguida saíra, rápido.

Tudo fora tão surpreendente e breve, que Marcos nem tempo tivera para indagar do que se passava, na residência do generoso hospedeiro.

O moço ganhara a porta de entrada da casa e não mais vira Félix.

Que fazer? Como deixar a enferma sozinha, justamente naquela hora em que recomendara a Joel fosse repousar um pouco?

A situação era difícil, mas o Pai lançaria olhar misericordioso sobre todos, perfumando a confiança humilde dos corações.

O jovem recolhera-se, novamente, à oração e tudo parecia acomodar-se, quando Ruth despertara com estranho brilho no olhar, exclamando, com voz sumida:

– Nosso amo morreu! Pobre senhora... não choreis tanto assim... pode fazer-vos mal!

– Acalma-te, querida Ruth – aconselha Marcos, carinhosamente, buscando, por outro lado, recompor os pensamentos.

Compreende tudo: Félix viera avisá-lo de sua morte...

Existiam, então, perspectivas novas, após a morte? Rumos diferentes daqueles apontados pelos conhecimentos sagrados?

Recordava-se agora de certas palavras de Lisandro, nos primeiros dias de convívio com o ancião: "Muitas coisas tens a aprender, meu rapaz. Mas isto de que te falo hoje será a última página do teu aprendizado."

Lisandro referia-se, veladamente, aos problemas da alma.

Uma onda de alegria paradoxal envolveu o coração do jovem. Não havia ainda concluído o aprendizado e, certamente, oportunidades lhe seriam concedidas para o conhecimento de muitas coisas, que lhe atormentavam o mundo íntimo.

Passos ligeiros no caminho próximo, anunciavam a chegada de alguma pessoa.

Ruth adormecera de novo ao influxo salutar, que se lhe derramava na cabeça, através da destra de Marcos.

O moço correra à porta, no afã de receber a criatura que se aproximava.

Com efeito, acabava de chegar um dos servidores da casa de Félix, de quem Marcos indagara, sereno, antes de o mesmo pronunciar-se:

– Por que não vieram participar-me a enfermidade de nosso querido Félix?

– Não houve tempo, senhor. Foi ligeiro, como relâmpago, o triste acontecimento. Quando meu bom amo buscou o leito, já se achava fatalmente enfermo... – acentuou o servo, em tom compungido.

– Quando foi? – continuou Marcos.

– Há coisa de duas horas, Senhor.

– Volta, meu bom amigo, e dize à tua ama que logo irei ter com todos.

O servidor regressou, sem detença, enquanto Marcos encaminhara-se para o quarto, onde repousava Joel, a fim de entregar-lhe a direção transitória do serviço.

CAPÍTULO 30

Encontro inesperado

A cidade do Hebron regurgitava de forasteiros naquela altura do ano, atraídos pelo comércio variado da florescente região sulina.

Invulgar acontecimento chamava a atenção geral. Da capital aportavam liteiras ricamente adornadas, conduzindo altas personalidades representativas do Império Romano e autoridades judaicas.

Belos espécimes árabes, cavalgados por legionários altivos constituíam-se na nota pitoresca da grande festa.

Naquela tarde, o Hebron recebia a mais elevada expressão do Império em terras da Judeia. Apresentava-se o novo Governador, recém-chegado de Roma, que se fazia acompanhar de luzida comitiva.

Todos os olhares se voltavam para os estrangeiros ilustres.

A praça principal da bela cidade achava-se adornada com magníficas guirlandas de flores naturais. A balaustrada da Sinagoga, reformada para aquela hora excepcional, oferecia encantador aspecto, observando-se luxuosos pormenores de gosto predominantemente hebraico, lembrando o reinado de David.

O Governador conseguira impor-se à simpatia geral por

seus modos de cordialidade estudada. Mostrava-se ali como um plebeu em dia de festa – falava e sorria a todos, no evidente esforço de mostrar-se agradável.

A comitiva encaminhara-se ao edifício da administração local, sob os aplausos da multidão, que a seguia freneticamente entusiasmada.

As horas decorriam debaixo de jubilosas vibrações. O povo recolhia as palavras do Governador, cheias de confortadoras expressões em favor de melhores dias para a comunidade realizadora do Hebron.

Ninguém seria tratado como subordinado. Todos seriam aquinhoados com direitos iguais aos dos romanos. O que era necessário coibir a todo custo era a expansão dos abusos, no terreno da ordem pública.

Ele responsabilizava-se, em nome do Imperador Romano, pela integridade do cidadão judeu, mas arrogava-se o direito de fazer valer os artigos das leis romanas.

No final da festa, um grupo de litores se aproxima da balaustrada, conduzindo um homem ainda moço, de tez requeimada pelos raios solares.

– Apanhamos este homem em atitude de franco desrespeito às leis do Império... – explicou um dos guardas.

– Que fazia esse rapaz? – indagou o ilustre romano, em tom conciliador.

– Conduzia um grupo de homens, que se esconderam quando nos aproximamos...

– ... E de tal sorte o fizeram que não os pudemos apanhar! – completou outro litor, visivelmente indignado.

O olhar percuciente do Governador ia do moço simpático e sereno aos semblantes carregados dos representantes da força e segurança de seu país e, por fim interrogou:

– Que pretendias fazer de mal, ó rapaz?

O moço respondeu, no mesmo tom de serenidade, como se o mesmo não fora de desassossego:

– Palestrava com amigos, que vinham da Alta Galileia, em demanda destas paragens...

– E sobre o que palestravas? Pode-se lá saber? – insistiu o alto representante do Pretório.

– Falávamos, justamente, das esperanças novas, que nos anunciastes hoje, senhor.

– Sabes que isto é perigoso, meu rapaz?

O olhar indagador do moço aliviava de certo modo as apreensões do Governador, que encerrou o assunto, quando um dos representantes da Sinagoga local aduzira em voz baixa:

– Esse rapaz deve ser membro da seita essênia, localizada nas proximidades do mar, gente ordeira e utilíssima à coletividade.

O Governador ordena:

– Soltem esse homem! Vê-se que é inofensivo e de bons costumes...

Os litores afrouxaram as algemas das próprias mãos, com visível estranheza e o moço se pusera a caminho, desaparecendo na estrada poeirenta que levava às montanhas do sudeste.

Olhares curiosos seguiram-no. Depois as atenções se voltaram novamente para o hóspede ilustre e sua brilhante comitiva.

Contudo, Josafá – era ele – encaminhara-se para o lado oposto à rota tomada e em pouco reencontrara os companheiros, que se conservaram serenos e confiantes, numa caverna quase encoberta no seio de elevação modesta, que se erguia, buscando a linha azulada do horizonte sulino.

Era quase uma dezena de homens queimados do sol, que

ostentavam túnicas alvas e cobriam os pés empoeirados com grosseiras sandálias de fibras vegetais.

Tomados pelo mesmo impulso místico, aqueles homens dobraram os joelhos em terra e ergueram cânticos gratulatórios ao Doador de Todas as Coisas.

Depois puseram-se a caminho, em silêncio, enquanto os corações convergiam-se para um só ponto: Lisandro.

O ancião enviara-lhes um aviso telepático, no sentido de irem ao Hebron para o atendimento de tarefas urgentes no novo povoado.

Que estaria acontecendo? Aquelas almas palpitavam, como que prenunciando aflições.

Mas, nenhum deles se atrevia a expor as próprias apreensões, porque já conheciam o exercício santificante da disciplina.

Os belos cenários circundantes do panorama natural era um convite à meditação no Poder Criador. O céu azulíneo e puro transmitia-lhe aos corações uma aura de confiança serena, não obstante os pressentimentos em contrário.

Jornadeavam por duas horas, em absoluto silêncio, com as almas tomadas pelo deslumbramento contemplativo.

Guardavam, naquele recolhimento, os júbilos da esperança. A vida lhes era constante hino às belezas imperecíveis da Grande Espera.

Os pensamentos vibravam-lhes, harmônicos, cedendo ao mesmo ritmo de expectativa suave.

Caminhavam... caminhavam, sob o sol morno, que já atingia o ponto terminal da trajetória daquele dia tão cheio de paradoxais sucedimentos.

Mas, houve um staccato naqueles passos diligentes. Na

distância do caminho apontara fulgurante estrela desconhecida. Vinha dos lados do mar, a leste, ao encontro dos jornadeiros.

À medida que se aproximava, a visão maravilhosa mostrava-se mais deslumbradora nas suas radiações luminosas.

Os ouvidos disciplinados dos viandantes registravam arpejos celestiais, nos sussurros da brisa, que balouçava as vegetações alterosas. As aves, que buscavam os ninhos acolhedores, uniram-se ao concerto divino da Natureza, entoando doces gorgeios.

A estrela aproximava-se, em sentido contrário ao do Sol, prestes a desaparecer no horizonte.

Nenhum som, todavia, saíra da garganta estarrecida dos viandantes. Sequer ousavam imaginar a origem daquela estrela cintilante, que mais e mais se chegava a eles.

Emoções remendamente dulcificadoras paralisaram-lhes os movimentos quando à proximidade de um terço de estádio revelou-lhes um adolescente de inenarrável beleza, circundado por fulgurâncias mais brilhantes que o Sol da hora sexta.

Aparentava quatorze a dezesseis anos.

Colocando-se à pequena distância dos iniciados essênios, o Jovem lançava-lhes profundo olhar, repassado de enternecido amor.

Uma catadupa de forças até então desconhecidas, prostrara-os com o rosto ao solo, como se os olhos não lhes pudessem suportar aquela luminescência.

O Adolescente pusera-se à direita de Josafá, murmurando:

– Nossos amigos esperam-nos. Sigamos!

Sua voz entornava-se em vibrações pujantes por todo o ser dos viajadores, como suavíssima melodia angélica.

CAPÍTULO 31

A caminhada inesquecível

Os viandantes avançaram cerca de seis estádios por clareiras desertas.

O silêncio extático era de quando em quando quebrado pela voz harmoniosa do Jovem.

A noite descera qual gigantesco candelabro bordado de pedras cintilantes, contrastando-se o fundo escuro com a festa de luzes que se alardeava das constelações distantes.

O Jovem demonstrava a preocupação de colocar-se no mesmo nível dos companheiros, embora estes lhe adivinhassem a linhagem superior.

Nenhum deles se atrevera a externar as indagações íntimas, acerca da identidade do luminoso viajor.

No recesso profundo das consciências, porém, havia uma certeza jubilosa: a Grande Estrela viera ao encontro deles, iluminando-lhes as rotas batidas pelas sombras da noite.

Com efeito, as radiações do Jovem projetavam-se no caminho deserto, que em outras circunstâncias não podia ser palmilhado em noites sem luar.

Mas, a Grande Estrela fulgurava mais que a bênção da Lua, em soberano plenilúnio.

A certa altura da jornada, Josafá anunciou a existência de um pouso localizado a pouca distância e sugeriu o descanso de algumas horas, antes do amanhecer, visando o conforto do Adolescente, de vez que os outros estavam por demais extasiados para sentirem qualquer fadiga.

O Jovem redargui, com acento carinhoso:

– Nossos amigos aguardam recursos. Não nos seria lícito demorar no repouso, quando muitas vidas dependem do avanço de nossa jornada em algumas horas...

Uma onda de estupefação envolveu o ambiente. Todos seguiam sem a menor noção do objetivo do chamado de Lisandro. Não haviam pensado na possibilidade de alguns acontecimentos graves no povoado, de caráter coletivo.

O Adolescente, percebendo os secretos sentimentos dos companheiros, esclareceu:

– Nossos irmãos lutam com um surto de febre maligna no povoado. Alguns já sucumbiram.

– Urge, então, apressemos os passos... – aduziu Josafá.

– Certo, irmão! Todos aguardam recursos salvadores e o Pai nos encaminhou para o auxílio – acentuou o Jovem com a simplicidade austera de um ancião experimentado na lides da assistência abençoada.

A caminhada prosseguiu, debaixo de augusto silêncio, por adustos roteiros e por trilhas empoeiradas...

A noite correra sem fadigas. Josafá e os outros sentiam-se como que transportados por invisíveis asas nos pés.

Os júbilos dos corações derramavam-se-lhes pelos semblantes simpáticos.

O Jovem, ao lado, mantinha-se na contemplação das estrelas, que fulguravam, esplendidamente, na ribalta constelada do firmamento.

Aos olhos maravilhados dos companheiros, Ele era outra estrela de resplendência azulínea.

Um manto de paz abrigava as alegrias santas daqueles corações.

Josafá meditava na estranheza daquele encontro inesperado.

Tudo acontecera tão diferente do que todos aguardavam. Habituaram-se a imaginar o encontro com uma festa de sons arrancados de centenas de harpas, dedilhadas por hábeis artistas essênios e por avenas singelas, mais harmoniosas. A recepção magnífica seria a legítima apoteose celeste a transformar o meio terreno em ambiente cerúleo, onde os homens se converteriam, momentaneamente, em Anjos e os Serafins se confundiriam com as criaturas santificadas nas vitórias da Grande Espera...

A Estrela Luzente da Casa de David seria o ponto de convergência de todos os corações, de todos os interesses nobilitantes.

Oh, seria uma festa de luzes, de perfumes raros e de harmonias celestiais o encontro com a Grande Estrela!

Eis, porém, que o evento se dera sem alarde, sem festas – a não ser a dos corações. Estes sim, encontravam-se a cantar as glórias sublimes dos céus, que se anunciavam com a presença divina do Enviado.

Ele achava-se ali não para os sons ruidosos das comemorações, mas para os júbilos do amparo na Dor!

Jamais passara pela cabeça de Josafá semelhante cometimento. A que atribuir o fato?

O Adolescente pousara o olhar na fronte larga do mensageiro essênio observando, suave:

– O Pai pede-nos o testemunho da paz legítima, no alívio aos corações enfermos...

E como os companheiros, emudecidos por vigorosas emoções, não se atrevessem a quebrar a nova pausa que se fizera, o Jovem prosseguiu, com brandura:

– Nossa estada no mundo seria uma festa permanente, se todas as criaturas fossem felizes. Um dia, quando a Dor – afugentada pelo conhecimento do Bem – desertar da Terra, os homens terão as alegrias imortais, somente conhecidas das almas santificadas...

As palavras do Jovem soavam lentas, quase arrastadas. Dir-se-ia buscavam, nos séculos remotos do futuro, o ponto longínquo em que se escondera a fase redentora da humanidade.

Ao longe, na fímbria do horizonte, as primeiras nesgas de esplendor solar apareciam.

O astro da vida reiniciava o cortejo de luz, mais carregado de esperanças.

Um dia novo com a Grande Estrela, que a poeira dos milênios jamais ofuscaria na lembrança dos iniciados essênios.

CAPÍTULO 32

Luzes no caminho

Antes de a hora primeira, os viajantes atingiram as terras cultivadas da propriedade de Félix, agora convertida em povoado essênio.

Alguns estádios mais e chegariam à Chácara das Flores.

O Adolescente aparecia ainda aos companheiros revestido de luz, irradiando centelhas ofuscantes.

Todavia, quando as primeiras casas do povoado já se descobriam dentre o arvoredo bem cuidado do terreno situado cinco estádios abaixo, aquela resplendência divina apagara-se como por ato de magia.

Haviam chegado à Chácara e percebidos por dois servidores da casa de Félix, que se apressaram a vir ter com os viajores.

Minutos depois achavam-se na residência florida, mas desolada. Uma onda de tristeza envolvia tudo como sombra, que se projeta, uniforme, sobre uma casa.

A primeira pessoa a vir do interior residencial, ao encontro dos recém-vindos fora a velha servidora Mira, que penetrara a vasta sala de entrada, com ar acabrunhado e melancólico.

Seus olhos iam de um a outro, como a interrogar sobre a presença de todos ali, naquela hora tão difícil.

E como não se aproximasse para apertar a destra de Josafá e dos companheiros, o Adolescente acercou-se da velha servidora e abraçou-a com ternura.

Mira recuou quase imperceptivelmente, com o terror estampado nos olhos ainda expressivos e falou:

– Não vos aproximeis, Jovem! Estamos todos infestados pelo mal terrível que levou nosso amo e muitos dos servidores desta casa...

O Jovem demorou o olhar terno no rosto macilento da interlocutora e acalmou-a, benevolente:

– Não há perigo, bondosa Mira. A Misericórdia do Pai desceu sobre nossas cabeças...

Os olhos espantados da ama dedicada pareciam interrogar:

– Como?! Como?!

Mas, naquele justo momento, os passos leves de Júlia e a voz amada de Marcos despertavam a atenção geral:

– Josafá? Que surpresa agradável tu nos dás, irmão querido!

Os dois abraçaram-se, com lágrimas brilhando-lhes nos olhos.

Com um gesto, Josafá apontou os companheiros, demorando o sinal indicador no Adolescente, que se retirara, discretamente, para o ângulo mais afastado da sala.

Os olhos mansos de Marcos alcançaram o vulto esbelto, abrigado no recesso sombrio, qual lâmpada apagada, propositalmente, com o objetivo de não ofuscar o ambiente.

O moço essênio estacou por alguns instantes na contemplação do recém-chegado, depois caiu-lhe aos pés, descaindo a cabeça sobre os pés empoeirados do viajante.

Em toda a sala vibrava uma atmosfera de místico fervor,

que levou os demais circunstantes à mesma atitude do jovem romano.

A sala espaçosa assemelhava-se ao interior do templo, em hora de culto à Divindade. Os corações, tocados de fulgurante emoção, buscavam o Adolescente e na sua muda linguagem expressavam, eloquentemente, a fervorosa devoção íntima.

Em meio ao silêncio emocionante, erguera-se a voz bem modulada da Grande Estrela:

– Ofereçamos nossos corações ao Pai, no reconhecimento e louvor da oração, neste momento em que pisamos o solo bendito de nossas esperanças maiores.

Josafá e os companheiros, que já se sentiam transportados aos céus, desde o primeiro instante daquele convívio maravilhoso, tomaram-se de intraduzível êxtase místico ao se entregarem aos cânticos gratulatórios.

A alma de Marcos oferecia-se, silenciosa, a Deus, naquela hora tocante.

Das alturas etéreas, um coro invisível misturava-se às harmonias saídas daqueles corações a caminho da santificação.

Naquele momento, efetivava-se, realmente, a solene recepção à Grande Estrela.

Os Céus abençoavam aquelas almas devotadas à causa da Grande Espera.

Lá fora, o Sol fulgurava no esplendor matinal e a sala, antes sombria, iluminara-se com o brilho radioso da esperança e da alegria.

CAPÍTULO 33

Corações em prova

As lutas da assistência aos enfermos alongaram-se por vários dias. Contudo, não mais se registrou nenhum caso fatal.

A presença do Adolescente, quase menino, transmitia estranhos dons de recuperação aos doentes.

A Chácara das Flores nem de leve recordava a casa triste de semanas antes. Alegre transformação estendeu-se a tudo – pessoas e coisas.

Todavia, as tarefas eram intensivas, porque o número de enfermos era muito superior ao dos assistentes.

Não havia tempo para reuniões, onde as almas se abastecessem na fonte cristalina do Saber e do Amor, que fluía da Grande Estrela, mas os corações sentiam-se fortalecidos na fé, ao simples influxo da presença do Adolescente.

O visitante quase não aparecia junto aos enfermos, porém, todos o sentiam no ar que respiravam, na água que sorviam, avidamente, sob a dominação da febre; no alimento que mal tocavam e nas palavras que ouviam.

O Jovem parecia estar presente, sem ser visto, em todos os seres e em todas as coisas, fazendo-se permanente e espontânea a sua lembrança nos corações.

No povoado essênio alguns enfermos encontravam-se acamados.

Ruth vencera a grande crise e restabelecia-se lentamente. Na manhã seguinte a da chegada dos irmãos, Mira acompanhara pequeno grupo deles ao povoado, destacados para o serviço assistencial.

A moça, ainda muito fraca, recebeu os companheiros de Marcos com viva satisfação.

O quarto arejado mantinha as características ordinárias de limpeza e ordem, graças aos cuidados de Joel.

Entre os visitantes, encontrava-se Josafá, que, solícito, aproximara-se do leito da enferma.

O rosto, ainda belo da moça, tornara-se expressivamente colorido ao impacto direto dos olhos negros do mensageiro de Lisandro.

Josafá percebeu a emoção da servidora e um leve estremecimento denunciara-lhe o íntimo choque.

Ele deixara-se ficar por alguns momentos na mesma postura de enleio junto à esteira modesta.

Um silêncio expectante dominou o ambiente.

Ruth quebrara, heroicamente, o penoso estado emotivo, indagando de Marcos:

– Quem são esses cavalheiros?

Marcos desculpou-se:

– Perdoe-me, bondosa Ruth. Não te julgava em estado de conversar, razão por que não te apresentei aos queridos companheiros de seita, que vieram auxiliar-nos na assistência aos enfermos.

– Boa notícia para todos nós! – exclamou a moça.

Ligeira pausa se fizera, que Marcos anulou, sorrindo:

– Não te lembras de Josafá, boa Ruth? O querido amigo, o anjo bom de nossas viagens?

A moça desviara o olhar para responder, no evidente intuito de esmagar a violenta emoção, que não passara despercebida ao Mensageiro essênio.

— Sim, recordo-me do bom amigo, que, por mais de uma vez, facilitou-nos a caminhada por estradas desconhecidas...

Josafá conservara-se em silêncio, mas os olhos sempre fixos na formosa enferma eram bem uma mensagem de ternura...

Ruth fechara os olhos, vencida pela emotividade, entrando em ligeira sonolência, com a mente adormecida.

Os visitantes oraram em silêncio, por alguns momentos, e saíram pé-ante-pé.

Josafá fora o último a deixar o quarto humilde, para espanto de Marcos. Com o rosto já marcado pelos primeiros sulcos, trazia os olhos marejados ao aproximar-se do jovem, à porta.

— Choras, Josafá? – indagou Marcos, com simpatia.

O outro deixara-se ficar calado. O companheiro respeitou-lhe o silêncio, sem, todavia, compreender-lhe a atitude insólita.

Em pouco, juntaram-se aos companheiros, em visitas aos demais enfermos, já em franco restabelecimento físico.

*

As graças celestes caíram, de inopino, sobre o núcleo, mas os companheiros ansiavam por algumas horas de pausa na luta diária, que lhes propiciassem o contato com o Adolescente.

No dia subsequente Marcos aproximara-se de Josafá, enquanto os outros saíram para as tarefas habituais de assistência, na sala contígua ao aposento, onde Ruth se achava recolhida.

Os dois amigos buscaram entreter-se na conversa sobre o desenvolvimento rápido do povoado, que se levantava sob o comando espiritual de Lisandro.

Josafá mostrava-se, por vezes, distraído nos próprios pensamentos. Marcos não se contivera e apanhou uma válvula propícia à confidência:

— Vejo-te muito triste, amigo! Acaso, poderia servir-te em alguma coisa? Quem sabe a febre tomou-te de assalto?...

— Não penseis em tal coisa!

— Por que te vemos presa do aborrecimento, então?

— Talvez seja muito cedo para revelar-vos certos pormenores do meu destino...

— Não te inspiro ainda absoluta confiança, não é?

— Estais a imaginar coisas absurdas! – exclamou o Mensageiro, com vivacidade característica.

— Que há, então, meu caro Josafá? Só não transmitimos nossos íntimos pesares aos amigos a quem não podemos confiar inteiramente...

As últimas palavras do jovem realizaram o efeito desejado. Penetraram o coração do outro, que se dispôs à revelação de segredos, de que Marcos não suspeitara:

— Acontece que Ruth sempre me inspirou viva impressão. Desde o primeiro encontro, guardo sua imagem como parte vívida de meus pensamentos...

— Isto é sério, realmente, Josafá. E ela já conhece teus sentimentos?

— Nunca lho disse, nem poderei jamais declarar-lhe alguma coisa nesse sentido. Todavia, leio nos olhos dela a luz do amor, na correspondência confortadora e ao mesmo tempo terrível aos meus sentimentos...

As últimas palavras do moço ficaram, por alguns segundos, vibrando no ar, sob angustiante silêncio.

Marcos manifestou a preocupação de auxiliar o amigo:

— Quando nos viste na estrada de Betânia já havias selado o último compromisso com nossa seita?

— Não. Mas andava tão absorvido com a grandiosidade das tarefas do iniciananto, preocupado com os ideais novos, totalmente empenhado na causa da Grande Espera, que jamais sonhara votar-me a outros pensamentos que se não ligassem ao nosso povoado...

— E depois? Continuaste a ver Ruth?

— Sim. Vi-a muitas vezes, sem, contudo, falar-lhe uma só vez. Esperava libertar-me da impressão que ela me despertava ao espírito e – ai de mim! – julgava que a persistência dessa lembrança, em meu coração, seria uma das tentações a vencer como testemunho ao ideal da Grande Espera...

Mas agora – continuou Josafá com dolorido acento – quando Ruth apareceu-me enferma, desamparada de uma afeição exclusiva, senti-me desnorteado e já não sei se possuirei a necessária coragem de afastar-me sem declarar-lhe.

— Não devo interferir em problemas de tão delicada feitura, embora me assista o direito de alertar-te na qualidade de companheiro. Bem conheces a severidade de nossas leis – se auferimos grandes alegrias, expomo-nos a terrível condenação, no caso de fuga aos compromissos assumidos.

— Sim, é verdade tudo isso – concordou Josafá –, mas a que torturas não se expõe uma alma apaixonada?

— Meu amigo, é melhor que nos confiemos ao silêncio e à oração, a fim de que possamos encontrar a solução mais racional para os teus problemas.

— Tendes razão, Marcos. Não sei o que digo. Auxiliai-me nesta hora de angústias.

Marcos enlaçou o companheiro, num amplexo carinhoso, e convidou-o ao regresso.

Em silêncio, Josafá tomou o caminho da Chácara, enquanto Marcos aduzia, fraterno, à despedida:

— Vai ao encontro de tarefas para o teu coração...

Aquelas palavras soaram aos ouvidos de Josafá como um sopro de bênção, mas valiam por uma condenação...

CAPÍTULO 34

Eterno dilema

Josafá encaminhara-se para a Chácara das Flores com a alma alanceada.

A brisa leve, que procedia do mar, balouçava suavemente as árvores frutíferas da propriedade, cujo telhado vermelho já se avistava a pequena distância.

A doce imagem de Ruth nunca lhe fora tão tocante como naquela manhã. De resto, Josafá sentia-se, de uns tempos a esta parte, profundamente só e para seu desespero íntimo começava a experimentar a necessidade de uma afeição, de um carinho que o amparasse nas lutas cotidianas.

Que estranha necessidade aquela – depois de tantos anos de solidão? Por que semelhante anseio, quando vencera os anos da juventude, sem quebrar o selo do compromisso assumido perante a causa da Grande Espera?

Não! Agora que dois terços da etapa estavam assegurados, pela lealdade absoluta aos ideais luminosos, não iria perder o esforço de tantos anos com um capricho...

Mas, seria mesmo um capricho aquela impressão da vários anos pela moça modesta, cujos olhos sonhadores lhe tocavam de maneira inequívoca o coração?

Josafá amargurava-se ao contato das lembranças.

Que fazer? Como agir naquela conjuntura aflitiva? Como se deixara impressionar tão fortemente, no justo momento da Grande Chegada do Salvador?

Acaso não havia lutado muito, dedicando-se de corpo e alma ao ideal luminoso?

A propriedade achava-se a alguns metros, muito branca e engalanada de formosas trepadeiras de flores rubras.

Um aperto de morte confrangeu-lhe o coração ao sentir-se mais distanciado da habitação humilde, onde deixara a melancólica e formosa mulher que se lhe assenhoreara definitivamente da alma...

Lágrimas quentes inundaram-lhe as faces requeimadas, quando penetrava o largo pórtico da Chácara. O jardim achava-se deserto e prodigiosamente enfeitado de ricas variedades de flores.

O moço estacou por alguns momentos, tomado de repentino receio, quando uma voz suavíssima alcançou-lhe o coração torturado:

– Por que choras, amigo?

Aquele tom melodioso veio à alma do moço, tal como o raio de sol a insinuar-se por entre as sombras matinais, em dia de chuva.

Antes de receber o enlace fraterno do dono daquela voz, Josafá sentira-lhe a onda de doçura envolvente.

Por alguns instantes recolhera-se à meditação dos tristes caminhos, que conduzem ao tremedal das fatuidades humanas.

– Não sou digno de falar-vos! – exclamou o moço, em atitude íntima de sincera humildade.

– Conheço-te o coração, meu bom Josafá! Sei que lutas, corajosamente, por manter a linha de sagrada dignidade junto a venerandos preceitos...

O moço recebera aquelas palavras como poderoso tônico, que se lhe infiltrasse pelas células gastas da vontade.

– Como sabeis dessas coisas? – tornou Josafá, surpreso.

– O irmão verdadeiramente interessado na solidariedade, descobre sempre os pontos essenciais, em que as situam as faixas da dor, na alma dos que desejam servir.

O esclarecimento, ungido de simplicidade cordial, arrebatou o entendimento do moço, prostrando-o de joelhos aos pés do sublime interlocutor.

– Levanta-te, Josafá! Nada fiz que justifique tua atitude de agora. Vamos, irmão, lá dentro há trabalho para nós...

O Mensageiro essênio erguera-se lentamente, enxugando as lágrimas guardando uma pergunta que não se atrevera a fazer.

– Busquemos amparar aqueles que necessitam de socorros mais imediatos do que as nossas amarguras íntimas. Na colaboração aos semelhantes, encontraremos o auxílio que desejamos para nós...

Aquilo era uma resposta indireta aos mais escondidos pensamentos do rapaz...

Mais uma vez, sentira o impositivo de libertar-se da obsessão, que o atormentava havia horas, como consequência do capricho de alguns anos.

Em silêncio, encaminharam-se para o interior da sala. Os pensamentos de Josafá trabalhavam ativamente, enquanto se dirigiam à grande sala. Pela primeira vez, desde a chegada do jovem, ilações ingênuas, oriundas do misticismo da seita, cresciam na mente de Josafá, com referência ao Grande Esperado.

Sempre aguardavam um ente diferente do comum. Uma Rosa talvez dos jardins dos Céus ou uma Estrela cambiante fugida das regiões sidéreas e que conservasse a estrutura luminosa, na superfície...

No entanto, tinha ao lado um Jovem ser humano, igual a tantos outros.

Mas, sua beleza radiosa caracterizava-lhe singularmente a luz íntima. O semblante lembrava algo que procedia dos Céus e que somente nas Alturas poderia ser comparado. Cabelos dourados caíam-lhe aos ombros delicados. Os olhos claros escondiam centelhas divinas. E a voz possuía estranhas vibrações e parecia canalizar as forças do Universo, produzindo a mais fantástica das envolvências inexplicáveis.

A aproximação flagrante dos padrões gerais não deslustrava a hierarquia superior do Messias, pois somente o Anjo Celeste, anunciado há séculos pelos Profetas, poderia transmitir, com a simples presença, poderosas emanações edificadoras.

Assumia Ele a roupagem humana para melhor servir aos homens.

Uma leve batida nas espáduas de Josafá veio despertá-lo das reflexões.

— Meu amigo, há muito o que realizar na Terra em favor das criaturas, e nunca houve à face do mundo tão farta cópia de Misericórdia Divina pelos caminhos da Dor, como jamais deparamos com o esplendor coletivo de luzes empenhadas na tarefa da salvação.

Josafá recebia, enlevado e feliz, a palavra sábia do Jovem, sentindo-se flutuar numa onda maravilhosa de místico deslumbramento.

O Adolescente continuou, com os olhos doces e pensativos, voltados para o rosto simpático do companheiro:

— Josafá, foste contemplado pelo Divino Poder para colaborar na Grande Seara de Luz, no mundo. Tua tarefa prende-se às conquistas espirituais das criaturas, em razão de sérios compromissos ajustados por tua consciência livre.

Após ligeira pausa, o Jovem concluiu, em tom significativo:

– Estarás presente às decisivas fases de transição, nos setores evolutivos do orbe.

Josafá, que não havia aprendido a última página do saber essênio, surpreendera-se ao ponto de quebrar o silêncio, que se impusera frente ao Grande Esperado e exclamou:

– Como?! Estarei presente em todos os lances do caminho evolutivo? A redenção final das criaturas será, então, imediata?

O interlocutor divino sorriu de leve e esclareceu:

– Não te assustes, meu bom Josafá. O trabalho alcançará milênios...

O assombro cresceu na alma do moço, que não pode calar a surpresa:

– Explicai-me. Como poderei viver tanto tempo na Terra?

– Josafá! Josafá! Tens muitas coisas a registrar nas páginas de teu coração e a mais importante não foi ainda recolhida por ti. Mas não te aflijas, tens muitos séculos diante de teus passos...

Naquele momento, Júlia apareceu à porta lateral, que dava para a varanda coberta e ao deparar com os visitantes soltou uma exclamação de jubilosa surpresa, dirigida ao Adolescente:

– Quantas horas não nos víamos!

Josafá aguardava novas ordens para assumir a tarefa estabelecida.

Outra preocupação importante apontara, vitoriosa, na alma do moço essênio.

CAPÍTULO 35

Acontecimentos singulares

Lisandro chegara, inesperadamente, na tarde seguinte, avolumando-se as alegrias nos espíritos dos companheiros, que, ao cair da noite, acorreram do povoado para estreitá-lo, no carinho da saudade.

O ancião parecia rejuvenescido ao contato de certezas novas a iluminar-lhe as velhas esperanças.

O encontro com o Adolescente de olhar luminoso e cabelos dourados fora tocante.

O ancião chegara sem aviso prévio, dando entrada no pátio coberto, com passos firmes e ligeiros. O Jovem encontrava-se num ângulo do jardim, aparentemente absorvido na contemplação dos canteiros enflorescidos. Veio ao encontro de Lisandro, com os braços estendidos.

Quando ambos se envolveram num amplexo demorado não eram mais que dois focos brilhantes, que se fundiam misteriosamente. Duas estrelas cambiantes a rutilarem tonalidades diferentes, na eclosão mágica do Amor.

Foi assim que os viram os olhos deslumbrados de Marcos e Josafá, cujos passos paralisaram-se à entrada da área, no recuo de extraordinária emoção. O primeiro chegava do povoado e o segundo acorria do interior da residência, ambos acionados por superior impulso.

Alguns segundos após, quando os braços se afrouxaram, o ancião deixara-se cair aos pés do Adolescente, enquanto os outros davam livre curso às lágrimas.

O espetáculo era quase terrível na singularidade grandiosa. Os dois companheiros fitavam, estáticos e envergonhados, os protagonistas daquela cena inesquecível.

No rápido intermezzo de alguns segundos, observaram – desta vez sem surpresa para Josafá – que as fulgurâncias diminuíam de intensidade até que o Jovem e o ancião assumissem o aspecto normal.

Marcos e Josafá, cujos corações movimentavam-se em descompassado ritmo, sentiam-se como dois criminosos, apanhados em flagrante, estampando-se-lhes o íntimo embaraço nas fisionomias expressivas.

Sentimento de culpa, que os situava entre o temor e o êxtase, tomava-lhes as almas humildes.

Enquanto os personagens daquele quadro soberbo se mantinham à pequena distância, sem vê-los, ambos reflexionavam sobre a ousadia que os levara a perturbar aquele momento divino. Por outro lado, não se sentiam credenciados a participar dos júbilos daqueles corações luminosos.

Eis, porém, que a essa altura dos pensamentos de Marcos e Josafá, os olhares ternos das duas personagens luminosas envolveram os companheiros queridos, inundando-lhes os corações de indescritíveis claridades.

O jovem romano tombara ao solo, enquanto o Mensageiro dobrava os joelhos.

O ancião correra para Marcos, impondo-lhe as mãos sobre a cabeça loura. Uma força misteriosa desprendera-se-lhe dos dedos, proporcionando ao moço doce paz, semelhante ao néctar vivificante.

Marcos erguera-se ao influxo daquela generosa força.

Do outro lado, o Jovem de cabelos de ouro, amparava o corpo cambaleante de Josafá.

Na atmosfera ondulava suavíssima corrente, que a todos envolvia, deixando-lhes na epiderme impressão doce como o roçar das asas de um anjo invisível.

A passos lentos, os quatro dirigiram-se para o interior da vivenda, onde se juntaram à Júlia.

A matrona, solícita, dispusera tudo para que os hóspedes amados ficassem à vontade.

Até os gestos da nobre senhora revelavam-lhe a espontaneidade jubilosa com que atendia àqueles gratíssimos deveres.

Sem que houvesse recebido comunicação alguma a respeito da identidade do Adolescente, Júlia detinha a íntima convicção de receber o Grande Espírito, que a mensagem celeste insculpira nas páginas sagradas, desde os mais antigos ascendentes da abençoada terra de David.

A Grande Estrela viria da Casa do Grande Rei, e escolheria o Hebron para sua definitiva morada?

E por que o luminoso descendente, há tanto esperado, não haveria de escolher aquela região remançosa para instalar a Sua Missão de Enviado Divino no mundo?

A verdade é que ela se sentira oprimida desde a morte de Félix. As tarefas de assistência aos enfermos, que tomavam grande parte das dependências da Chácara, e a presença carinhosa de Marcos amorteceram-lhe um pouco as impressões penosas.

Mas, o Adolescente é que lhe trouxera novo sentido ao coração dilacerado, no qual os júbilos tomaram o lugar das saudades amargurantes.

Naquele instante, a generosa matrona julgou haver atingido o ponto mais alto das emoções, ao divisar o vulto querido de Lisandro.

Sentia-se frente a mais elevada manifestação da Misericórdia Divina. Deus viera-lhe ao encontro das necessidades mais pungentes – desde alguns dias – enviando-lhe os bálsamos mais suavizantes, que sua alma poderia almejar, e reunindo as criaturas mais amadas de seu coração sensível.

Os pensamentos da matrona foram percebidos pelos hóspedes, que se apressaram a tomar-lhe as mãos leves e brancas, nelas depositando humilde ósculo de gratidão.

Dali por diante, uma sucessão de acontecimentos singulares deram à Chácara das Flores a plenitude das harmonias divinas, concedendo-lhe a ambiência celeste.

*

Horas depois, Júlia encontrava-se entregue aos arranjos do aposento mais alegre da propriedade para os hóspedes queridos, auxiliada por Mira e acompanhada da pequena Cornélia, que não se desgarrava da amada protetora.

A velha servidora, havia meses, tivera as lembranças confortadoras acerca da presença da Grande Estrela, na pacífica região do Mar Morto, no que fora secundada pela matrona.

– Mira, minha boa amiga, tudo indica que nosso lar guarda o Enviado da Casa de David – expôs Júlia, como a recordar as antigas conversações sobre o assunto.

– Sim. Também eu conservo essa convicção, embora o fato se nos pareça inadmissível – anuiu a servidora fiel, enquanto colocava sobre um dos leitos macios preciosa colcha, recamada de bordados custosos, que a ama fora buscar no armário das preciosidades guardadas para os grandes dias.

Júlia mudara o rumo da conversação, acentuando:

– Receio, boa Mira, que Lisandro e o Jovem não se agradem do relativo luxo deste quarto...

– Penso da mesma forma, senhora. As grandes almas não se comprazem com as coisas que lembram a vaidade humana.

– Mudemos tudo, então, não é?

– Sim. Dareis assim mais júbilos aos corações simples dos Grandes Espíritos – concordou Mira, visivelmente reconhecida à compreensão da nobre senhora.

Em poucos minutos, o aposento reluzente de seda fosca, tornara-se alvo e acolhedor. As colchas raras foram substituídas por lençóis de linho modesto.

Agora, sim. Os hóspedes queridos sentir-se-iam como no próprio lar e haveriam de permanecer felizes nas horas abençoadas, que passariam sob aquele teto galardoado pelas Graças da presença de ambos.

Mira, que ainda não se avistara com Lisandro, indagara da matrona sobre o ancião, no evidente interesse de conhecer todos os pormenores do encontro com o Adolescente.

Júlia desconhecia os fatos ocorridos na área de entrada, mas se sentia portadora de abençoado merecimento e se pôs às informações com a vivacidade de quem vira tudo, sem compreender os singulares processos intuitivos que se lhe afloravam do mundo íntimo.

Saíram ambas ao encontro dos hóspedes no salão, onde Júlia os havia deixado a conversar pouco antes.

Todavia, não havia ninguém ali.

As duas amigas retrocederam, em silêncio.

Os corações generosos da ama e da servidora compreenderam a ocorrência, sem espanto, nem mágoa.

Preparavam-se para o ingresso nos caminhos luminosos da renúncia, através da obediência humilde.

CAPÍTULO 36

A responsabilidade do amor

Do povoado próximo ao Mar aportaram quase cinco dezenas de irmãos, que corriam ao atendimento de chamado telepático de Lisandro.

À noite, reuniram-se todos ao Adolescente na espaçosa sala da vivenda, após o repasto sóbrio dos hóspedes.

Significativo silêncio envolvia o ambiente, quando o Jovem começou a falar.

Era a primeira vez que o fazia, em assembleia. Antes, uma e outra pessoa recebera o beneplácito de um colóquio com Ele.

Todos mantinham a impressão de flutuar numa zona de vibrações leves.

– Irmãos, que a Paz de Deus habite em nossos corações para sempre.

– Assim seja feita a Vontade do Pai! – respondeu o grupo a uma só voz.

– O desejo de todos os corações aqui presentes, situa-se na direção do bem comum, no anseio da liberdade espiritual.

Mister se faz coloqueis vossa vida ao serviço de tal anseio. Que mérito advirá do sonho sem edificações?

Irmãos, vosso ideal é belo pelos princípios, mas deveis iluminá-lo ainda mais pelo constante dar-se aos semelhantes.

Já pensastes no tempo precioso que gastais no levantamento de vossa própria casa, esquecidos, nesse ínterim, de que há muitos pobrezinhos a morrer na estrada limpa?

Vede bem: a miséria não espera por ninguém. Encontrastes hoje um mendigo, que vos estende a mão mendicante? Servi-o logo. Amanhã talvez seja demasiado tarde: o infeliz pode estar vivendo o último cartel da existência, à míngua do alimento vitalizador.

Aliviai os enfermos alhures, enquanto há vida nos seus corpos malbaratados, porque o fantasma da morte pode roubar-vos o ensejo de servir, arrebatando as vítimas de vosso comodismo.

Ide ao encontro dos que sofrem, amparai-os sempre, sem descanso! Ponde nos corações a chama ardente da esperança, apontando-lhes a rota da renúncia com o vosso próprio devotamento.

Incentivai-os ao cumprimento do Amor mais puro, exemplificando a pureza luminosa dos vossos atos diuturnos.

O Pai depositou-vos nos ombros a grande tarefa do arroteamento da estrada adusta dos corações para o estabelecimento definitivo da Paz na Terra.

Que os cuidados de vossa comodidade não vos arrebatem tantas parcelas preciosas de tempo.

O Pai aguarda o máximo de vossos corações na semeadura do Amor, entre as criaturas.

A hora é chegada em que todos devem se unir para a maravilhosa fusão do Amor, que salvará a Humanidade.

Uma pausa se fizera, sob tocante silêncio.

Lisandro levantou-se, cabisbaixo, e indagou, com a voz embargada pelas lágrimas:

– Devemos substituir, então, os velhos princípios por diretrizes de aplicação imediata?

– Outra coisa não nos pede o Pai senão o cumprimento da lei do Amor. E o Amor é movimento contínuo, com base no bem-estar do próximo.

A resposta era clara como as manhãs de sol, e o ancião entregara-se à meditação da lição sábia, enquanto Marcos pedia, reverente:

– Raboni! Desejamos aprender a servir. Propiciai-nos um programa de ação, pelo qual nos possamos orientar todos os dias.

O Adolescente atendeu, solícito:

– Os planos da Divina Escola do Amor fundamentam-se no desejo bom e permanente de atender-se às necessidades dos semelhantes como se fossem as nossas próprias necessidades. Surgem, portanto, com as circunstâncias: aqui, é um enfermo a reclamar-nos devotamento e assistência; ali, é o faminto a solicitar-vos auxílio; acolá, é o caído, que roga simpatia e compreensão.

Nosso programa baseia-se nas necessidades do próximo, efetivando-se na razão direta das circunstâncias de tempo.

Aproveitemos, pois, a oportunidade do "hoje" porque o "amanhã" apresentará, invariavelmente, ensejos novos de serviço e ninguém pode garantir o exato cumprimento de obrigações acumuladas.

Novo silêncio caiu sobre a assistência emocionada, absorvida no santo interesse das coisas divinas.

O sublime interlocutor demorava o olhar em cada companheiro, como a perscrutar-lhes os íntimos sentimentos.

Lisandro erguera-se para nova solicitação:

– Raboni, qual o primeiro passo necessário ao desenvolvimento do novo programa?

A resposta veio pronta e incisiva:

– Colocai nos caminhos tristes da inconsciência e da dor, os companheiros preparados para a grande tarefa do Amor.

– E os trabalhos necessários à manutenção dos povoados? – tornou o ancião.

– Não vos aflijais com o problema menor. Verdadeiramente insolúvel seriam as condições de incapacidade dos companheiros para as lides do Amor. Não se encontram eles preparados para o grande cometimento? – retorquiu o Adolescente.

– Sim. Os que perseveram no aprendizado, trazem na alma o selo do sacrifício e da abnegação... – anuiu Lisandro.

O mestre Adolescente volveu, com simplicidade:

– Bases novas em edifício velho reclamam supremas concessões ao orgulho milenar das criaturas... Preciso é que os alicerces desgastados de ideias errôneas sejam removidos, para que a rocha de preceitos salvadores os substitua...

Se em cada esquina da dor postar-se um soldado da esperança, em breve as ruas do mundo se iluminarão com as graças do Eterno Amor...

Entretanto – prosseguiu o Adolescente – os servidores da boa causa enfeixam-se em reduzido número e a sua quase totalidade acha-se sob a bandeira essênia.

Após pequena pausa, o Jovem assinalou:

– Assim, necessário se faz envieis os companheiros aos antros da revolta, onde predominam as aflições.

Hoje, mais que ontem, os escolhidos da Divina Misericórdia devem dar o testemunho da bondade, do devotamento e da compreensão. Outra não é a tarefa que o Pai vos confiou ao coração. A dor permanecerá na Terra até que o Amor se derrame em todas as consciências, impulsionando os servidores para a suprema sabedoria.

Se não recebeis a lição, como haveis de aprendê-la? Vede bem – aí se encontra o ponto culminante dos que, como vós, vêm acompanhando a marcha evolutiva do orbe, desde a primeira hora.

Marcos voltara-se no banco, fundamente interessado em solicitar uma informação, mas recolhe-se, envergonhado.

Percebendo os íntimos anseios do rapaz, Ele anuiu, benevolente:

– Também vós, Marcos, tendes participado dos movimentos decisivos da evolução humana, colaborando, paralelamente, na obra ascensional do mundo e na própria iluminação...

Ante o intermezzo carregado de emoções, o Expositor Sublime ponderou:

– Justificar-se-ia o interesse do coração pela causa do Bem comum, se não houvessem laços precedentes como indestrutíveis elos da harmonia universal?

Depois, lançando significativo olhar a Lisandro, aduziu:

– Todos vós fareis parte das arrancadas decisivas do Amor, em todos os tempos, como Mensageiros do Pai de Bondade infinita.

Calou-se a palavra de luz.

A responsabilidade brilhava naquelas almas emudecidas e elevadas a altiplanos sublimes, no instante em que se formulava a corrente invisível para a obra gloriosa da edificação do Reino de Deus entre os homens ingratos...

CAPÍTULO 37

Novas diretrizes

O ancião torna ao ponto crucial de suas íntimas apreensões, rogando novos esclarecimentos:

– Que faremos, meu Raboni, daqui por diante, no que concerne aos nossos princípios inexoráveis?

– Em primeiro lugar, impõe-se a modificação dessa inexorabilidade. Todo monumento, cujo pedestal se apoia no cimento da intolerância, está fadado a cair, mesmo quando esteja revestido de argila brilhante. Não há negar, Lisandro, que o edifício de vossa seita seja construído de nobres objetivos, mas há nele tijolos corrutores integrados pela argamassa do orgulho. Assemelha-se a um diamante parcialmente lapidado, apresentando facetas diversas, com alternativas de luzes e sombras...

– Que faremos, então? – tornou o ancião, angustiado.

O Jovem aquiesceu, bondoso:

– Tomar por base o Amor, no qual reside a ciência do verdadeiro bem. Fora daí nenhum organismo manter-se-á de pé até o fim dos tempos.

O coração de Lisandro confrangeu-se. Aquelas palavras eram uma advertência profética. De resto, há muito se preocupava com problemas básicos da seita. O coração já não suportava, com a antiga galhardia, a severidade das leis por cuja segurança ele próprio velava, dentro de rígido sentido de equidade. A lei era para todos. Não havia privilégios dentro da seita.

Contudo, a estruturação penal era demasiado rigorosa e opunha-se frontalmente aos preceitos novos, revelados pelo Jovem Mestre.

– Lisandro, conheço as aflitivas ilações que a palavra de Nosso Pai te vos desperta na alma. O choque era absolutamente necessário a fim de que a renovação surja sem mais delongas. Um manancial límpido, como de vossa seita, não deve guardar por mais tempo a poluição destruidora.

Lisandro sentia naquelas palavras a definitiva cláusula da imperiosa emenda, nos estatutos da seita, percebendo o generoso influxo da divina inspiração. Tudo faria por levantar a coluna do Amor sem jaça, no edifício amado da seita. Haveria lutas, onde os elementos da discórdia consagrariam a intolerância. Mas ele, lutaria pela vitória dos ideais luminosos da Paz e da Alegria, e a justiça assumiria novo panorama, com bases na equidade legítima, que procede de Deus.

O silêncio expressivo durou por alguns momentos. Da fronte do ancião fluíam rajadas fulgurantes, que eram percebidas por alguns dos circunstantes.

Lisandro falou, por fim, visivelmente emocionado e tocado por impressionante firmeza:

– Raboni meu! Estou decidido a enfrentar as novas lutas. Preparar-nos-emos no menor espaço de tempo para colaborar convosco, na grande causa da salvação do mundo!

– O Pai amparar-vos-á na difícil empresa, para glória dos divinos postulados do Amor! – exclamou o Adolescente, com suavíssima entonação.

O ancião tornou, com a energia característica dos grandes momentos decisivos:

— Ainda hoje daremos início à divina Cruzada de renovação. Aproveitaremos vossa presença para os primeiros cometimentos. Nossos companheiros registrarão todos os pontos de fundamental importância para imediata aplicação.

O Adolescente aduziu, com alegria:

— Sim, aproveitemos a oportunidade abençoada deste encontro, que a Misericórdia do Pai vem preparando há vários séculos para esta hora. Aqui se acham os companheiros talhados pela Celeste Bondade para as grandes arrancadas da luz, neste mundo de sombras.

O olhar amigo de Lisandro buscara Marcos, que se sentira envolvido naquela onda generosa de simpatia.

— Não tens alguma ideia a expor-nos, Marcos? — perguntou o ancião, buscando encorajar o moço a expressar-se sobre o assunto.

— Nenhum valor têm minhas opiniões, mas admito que a violência ensombra a estrutura luminosa dos códigos de nossa seita — anuiu Marcos com simplicidade.

O Adolescente observava os interlocutores, evidentemente bem impressionado com a palavra do jovem romano.

Lisandro recebeu em cheio o pensamento do Raboni Adolescente e derramou a onda luminosa sobre o companheiro:

— Desde quando essas ideias povoam-lhe o cérebro, querido Marcos?

— Desde o primeiro contato com as leis vigentes no povoado, relativamente aos transgressores dos princípios da seita. Impressionavam-me sempre penosamente os duros tratamentos impostos aos infratores dos decretos essênios...

O jovem interrompera-se, constrangido, sentindo que falara demais, pondo em evidência os problemas da seita.

Mas a Grande Estrela animou-o a prosseguir:

– Continua, Marcos, a tua exposição.

– A vida no povoado sempre me foi altamente agradável no que concerne ao trabalho, à fraternidade e harmonia singela, que decorrem do ambiente enobrecedor de ideais santificantes. Contudo, chocam-se até ao horror os quadros de aniquilamento de seres humanos pela fome, nas prisões subterrâneas. Esses códigos não se justificam, em face do distanciamento das belezas incomparáveis da causa luminosa da Grande Espera...

Lisandro adiantou, aproveitando a interrupção:

– Não compreende os desajustes entre o Amor que realiza e a violência que destrói. Não é assim, meu filho? Também eu, nos dias longínquos da juventude, quando ingressei na seita, tropecei com as dificuldades da surpresa dolorosa, em face desses processos semibárbaros, incompatíveis com a doutrina fraternista que esposei, com o deslumbramento na alma sonhadora.

Após o ligeiro mergulho nas águas do passado, Lisandro emerge ao presente, com entusiasmo e coragem:

– Compete-nos agir sem delongas, levando aos companheiros, de Sul a Norte, a grande nova...

Os assistentes participavam do interesse que animava os corações dos interlocutores principais, porém, muitos deles desconheciam grande parte dos problemas em foco, pois não passavam de neófitos da seita.

Lisandro continuou:

– Que outras dificuldades apontais para solução imediata, meu Raboni?

O Adolescente, que já havia lido tal solicitação na mente do companheiro, atendeu:

– A vossa estrutura social apresenta senões importantes

19 que influirão decisivamente na desintegração da seita, em futuro próximo.

A informação era por demais grave e promovera geral movimento de susto, na pequena assembleia.

– Desaparecerá, então, a seita? – indagou Lisandro, surpreendentemente calmo.

– Sim. Permanecerão os Espíritos burilados no caldeamento de anteriores experimentações, no campo da renúncia. Mas esses tais são em número reduzido e a seita exclui, automaticamente, aqueles outros que se sentem atraídos pela beleza dos princípios, mas que não se acham preparados para a grandiosidade do sacrifício...

A resposta viera quase terrível, envolvendo os presentes no silêncio da meditação, enquanto o Raboni Adolescente concluía:

– Amanhã, os que se encontram na vanguarda do movimento renovador ver-se-ão sozinhos, sem continuadores, friamente isolados pelos próprios estatutos, que lhes norteiam a organização. Aqueles que chegam até vós, sem o suficiente preparo, tornam-se transgressores dos princípios unilaterais da seita, dentre de pouco tempo de estágio, e sem mais detenças o infeliz é conduzido ao eclipse total.

Vede bem: a obra do Amor não se prende a exclusivismos de espécie alguma.

O Amor é fonte inexaurível de surpresas divinas – sempre a jorrar gotas luminosas de variados matizes, de acordo com as necessidades imediatas.

Nunca podeis precisar, com absoluta segurança, o grau em que se situa o dever da solidariedade fraterna, nem a posição dos auxílios mais diversos, junto aos que padecem.

Como aceitais, sem repugnância, leis que promulgam a

criminosa intolerância, mesmo tomados na devida consideração os intentos, com que foram ditadas?

Neste momento, decretam-se graves responsabilidades originárias do conhecimento. Hoje vos encontrais numa encruzilhada: o caminho da esquerda convida-vos à permanência nos antigos desvios da inconsciência; o da direita vos conclama aos deveres da legítima fraternidade. O primeiro representa o ideal em desequilíbrio; o outro é o símbolo da luz e da harmonia edificadoras.

Silêncio absoluto seguiu-se às últimas palavras do Adolescente.

Após alguns minutos, o Sublime Visitante voltara-se para a assembleia respeitosa:

– Irmãos bem amados, ide escolher vosso caminho. Ficai na Paz de Deus, Nosso Pai e sede zelosos para com a Santa Aliança do Amor, que acabamos de fundar, neste momento.

Levantaram-se todos e, um a um, reverenciaram-se diante do Adolescente, após lhe haverem beijado as mãos já maltratadas pelo trabalho rude.

Em poucos instantes a sala ficou vazia. Aquelas paredes claras guardaram, para todo o sempre, as vibrações de esperanças novas, que dali por diante teceriam de luzes mais fulgurantes o ideal daqueles corações nobres.

CAPÍTULO 38

Rotas de luz

Naquela noite, antes de recolher-se ao leito, Lisandro solicitara uma última palavra do Adolescente, com respeito ao programa novo a ser traçado.

O ancião sentia-se, ultimamente, alquebrado, pagando já o tributo à idade avançada e desejava, agora mais que nunca, fazer alguma coisa para a orientação da seita, cujos fundamentos estavam ameaçados de ruína.

O Adolescente ponderou, com bondade:

– Bem desejaria eu que a tua experiência e o teu coração ditassem as normas de trabalhos e edificações da seita...

– Raboni, bem conheces a insuficiência deste inútil servidor. Quanto tempo perdi eu no erro, sem atinar com as sombras do caminho! Foi preciso que a vossa luz clareasse a estrada para que meus olhos pecadores vissem os pedrouços...

O interlocutor paciente anuiu, com solicitude:

– Meu caro Lisandro, o Pai inspirar-nos-á, apontando-nos o roteiro mais certo e seguro, no momento justo. Oremos e confiemos, atendendo ao imperativo do serviço, que as oportunidades nos projetam no caminho.

– Bem sei que estas são as derradeiras horas, que meus

olhos contemplarão o vosso vulto amado – insiste, ainda, Lisandro. – Outros terão oportunidades de renovar o jubiloso evento deste instante. Atendei, portanto, à alma que sonha cooperar na grande causa da Salvação humana. Que faremos, Raboni amado?

– Dizes bem, Lisandro, a obra merece tudo de nós. Contudo, quisera eu deixar-te o mérito do planejamento, de acordo com as credenciais que possuis.

Novo silêncio se fez, logo quebrado pelo Adolescente:

– Lisandro! Lisandro! O Amor, repito-te, é a inspiração mais fecunda que existe em toda a harmônica vibração do Universo. Quem cultiva o Amor supera todas as barreiras e ilumina-se com o entendimento das coisas mais altas. O Amor é um programa inteiro de edificações diárias.

Lisandro! O teu santuário tranquilo segredar-te-á coisas maravilhosas. Quando te puseres à contemplação das estrelas, uma voz íntima segredar-te-á: Vai! Abandona por instantes o comodismo inoperante em que te situas, diariamente, e dize aos teus companheiros que a causa do Amor está a exigir de todos ação, movimento, atividade constante.

Lisandro! Até aqui esperaste que os padecentes de todos os matizes te buscassem para a solicitação do amparo necessário, agora serás tu que irás ao encontro dos irmãos infelizes para segredar-lhes aos ouvidos a esperança nova, para desvendares aos olhos surpresos deles o panorama da fraternidade e da paz.

Vai, Lisandro! Dá de ti primeiro, depois pede aos outros que te sigam o exemplo nobre.

Não desperdices mais o ouro do tempo, Lisandro! Vai e demonstra por atos, que a excelência dos princípios de fraternidade, que a seita defende, impõe a anistia de todos os companheiros, que jazem nos porões da condenação.

Segue, Lisandro! Incentiva os companheiros ao desapego das

tradições, que se entronizam no palácio do exclusivismo perigoso, estreitando-se no unilateralismo dogmático! A esses, de que lhes serviram as experiências de luz? Que contas darão ao Pai, que lhes confiou o barco da Salvação das criaturas, como colaboradores da grande obra do Equilíbrio e da Paz dos corações?

Marcos, que permanecera no salão, guardava as palavras sublimes, com profundíssimo respeito enquanto perolavam-lhe gemas cristalinas dos olhos claros.

Quanto aprendera naquela noite de esplendores celestiais! Sentia-se amparado por generosa solidez básica, cujos recursos há muito ansiava por encontrar.

O Adolescente fixou o olhar de luz no semblante sereno do moço e esclareceu:

– Marcos, repousam nos teus ombros, fardos de grande envergadura bem mais delicados que os de todos os teus companheiros reunidos. O horizonte está ensombrado de incertezas e aflições, e é necessário que realizes o fato novo de dourar, com o brilho da coragem e da abnegação, a linha do entendimento nos corações. Estás disposto à grande tarefa?

O jovem respondeu, humilde:

– Como garantir-vos fidelidade no serviço, meu Raboni? Sou tão fraco e insciente das coisas divinas...

– Todavia, terás os recursos divinos da Celeste Misericórdia a amparar-te os passos – retorquiu o Adolescente.

– Aguardo dos Céus a necessária mercê a fim de garantir-me a iluminação da rota a percorrer – disse Marcos, com simplicidade.

– A gloriosa tarefa deve iniciar-se hoje...

Uma pergunta bailava na mente do moço, quando o interlocutor adiantou:

— O postulado bendito será concretizado na orientação dos companheiros, no círculo das obrigações comuns, referentes ao alargamento das atividades.

Fizera-se um interregno, durante o qual Marcos meditava.

A hora soava para o pugilo de abnegados servidores da Grande Espera.

Ninguém mais deveria ignorar as maravilhas, que ali se registravam.

Espalhariam a boa nova da chegada d'Aquele, que se dispusera a amar as criaturas até o sacrifício de viver entre todos.

Viessem todos para as lutas contra as trevas da ignorância das verdades salvadoras.

Que ninguém ignorasse as belezas da Salvação Eterna. Afinal, a Verdade é tão simples como as florinhas do bosque; tão suave como as águas mansas dos regatos; tão pura como os olhos das crianças; tão luminescente como a estrela que habita o pálio azulíneo do firmamento...

A verdade, que salva para sempre, insculpe-se num singelo nome-Amor.

Marcos achava-se tão embebido nos próprios pensamentos, que não percebeu a retirada do Adolescente e de Lisandro.

Aquela era, aliás, uma das características do iluminado Jovenzinho: saía sempre sem ser percebido pelos circunstantes.

Talvez Ele o tivesse deixado sozinho para que meditasse sobre a responsabilidade nova.

Afinal a vida assumiria surpreendente feição. O suor da renúncia regaria o caminho das dores humanas. O coração estaria vigilante no bem-estar dos semelhantes e a alma totalmente entregue às belezas da solidariedade fraterna.

A vida mudaria dali por diante...

CAPÍTULO 39

Planos

Passaram-se alguns dias após os últimos acontecimentos.

Uma atmosfera, quase irreal de sonho, inundara aquelas almas empenhadas no árduo mister da própria santificação.

O Adolescente despedira-se numa daquelas manhãs radiosas de sol, sob ternas emanações de reconhecimento dos companheiros.

Eflúvios de saúde e paz envolviam os moradores da propriedade como bênção divina.

Mas, a Grande Estrela se fora para desconhecidos rumos, deixando aqueles corações em pleno clima de saudade.

Quando O teriam para a renovação dos momentos de enlevos sublimes?

O certo, porém, é que todos ficaram fortalecidos para as grandes incumbências novas.

Marcos voltara ao povoado, conduzindo Lisandro para alguns dias de convívio, quando problemas seriam acertados.

Encontraram Ruth já recuperada. Marcos resolvera que ela permaneceria no povoado por algum tempo, colaborando nas tarefas domésticas.

Josafá não mais voltara ao povoado, buscando forças para o esquecimento e a renúncia, no afastamento voluntário daquela que lhe centralizava as aspirações mais queridas.

Lisandro mostrava-se apreensivo, totalmente voltado para a meditação de quanto ouvira do Raboni Adolescente.

Marcos notara-lhe a preocupação e buscava respeitar o silêncio do velho mentor, sentindo-se, também, envolvido na mesma onda de inquietude em face das orientações novas que a visita do Adolescente semeara no caminho de todos.

Na tarde do terceiro dia de permanência de Lisandro no povoado, achavam-se os companheiros em torno da mesa, colocada no centro da pequena sala da morada de Marcos.

O ancião, interrompendo o longo silêncio de três dias, exclamou, intempestivamente:

– Afinal, continuamos o desperdício de tempo! Movimentemo-nos! Ação! Ação!

Todos os olhares cruzaram-se na muda interrogação da surpresa.

Lisandro teria ensandecido? Pessoa alguma o vira em desabafos explosivos...

Marcos, porém, entendera o alto sentido daquele desabafo e adiantou-se, respeitoso:

– Precisamos organizar o planejamento das próximas tarefas, não é?

– Como não! O problema mais urgente é o do esclarecimento dos companheiros acerca da reestruturação que o Raboni nos deixou entrever – ponderou o ancião.

– E aproveitaremos todos os ensejos para correr em auxílio dos enfermos e aflitos do caminho.

Samuel, um dos companheiros do novo núcleo, mostrou-se

entusiasmado ante as perspectivas novas, que se delineavam nos horizontes da seita:

– Será o mesmo que um grande navio de Paz a flutuar no mar tumultuoso das dores humanas.

– Tens razão, Samuel. A ação volante melhorará o cenário assistencial – esclareceu Lisandro.

Quase duas dezenas de rostos atentos, iluminados pela esperança, aguardavam, em silêncio, o resultado daquela troca de efusões entre os mais experimentados.

– Não será fácil enfrentarmos a possível objeção dos companheiros paralisados no roteiro das tradições, mas o problema deve ser atacado sem demora! – ponderou o ancião, em cujas expressões vibravam ventos fortes, precursores de grandes tempestades.

Marcos, embora anuísse aos imperativos da ação imediata, refletia sobre a improdutividade das resoluções apressadas, mormente naquela conjuntura delicada:

– É preciso não esquecer que teremos à frente cabedais guardados como ouro, na arca secular das tradições. O mais avisado será promover-se um movimento de preparação das mentes, no sentido de obter-se mais seguros resultados.

Lisandro interveio sereno:

– Bem se vê que não conheces ainda o ferro em que se molda a estrutura de nossa organização! E bem poucos os que se encontram dispostos a despir a velha roupagem. O melhor será começar a tarefa. Os que não se acham preparados para seguir-nos jamais se entenderão conosco...

Marcos retorquiu, animoso:

– Todavia, penso ser de bom alvitre ir ao encontro de todos e expor os novos deveres inadiáveis. Pelo menos ter-nos-íamos desincumbido da obrigação de transmitir aos companheiros as luzes recebidas no abençoado convívio com a Grande Estrela.

– Não havia pensado nisso. Todos devem conhecer o que recebemos e os que fugirem aos deveres não se lamentem depois... – concordou Lisandro.

– Não há tempo a perder, então. Já que estamos de acordo na planificação do programa, iniciemos agora o reajustamento das leis que, primordialmente, serão o ponto básico do grande movimento a encetar-se, não achais, Mestre?

A fronte quase lisa do ancião sublinha-se, mostrando alguns sulcos, ao ouvir as últimas palavras do jovem, a que retruca, algo conturbado:

– Já não me cabe, nem a pessoa alguma, senão a Ele o título de Mestre.

Naquele momento, dois copistas exímios da seita registravam, em rolos de pele de carneiro, o esquema do novo programa para posteriores debates entre os anciãos, sob o signo da Grande Estrela.

CAPÍTULO 40

Esperanças e lágrimas

As coisas já estavam dispostas para a grande excursão. Lisandro tomaria parte no movimento, embora Marcos se opusesse de princípio, interpretando como imprudência. O ancião, porém, desejava tomar parte da primeira ação, em favor dos novos princípios, que lhe chamejavam o ideal.

Os companheiros seguiriam também, ficando o povoado sob a vigilância de Ruth e de outras serviçais da casa de Júlia.

Tudo fora previsto com ponderação. Os valorosos candidatos à iniciação da seita integrariam aquela primeira arrancada do sacrifício, mesmo os que estiveram presos da febre durante longas semanas. Se lhes faltassem as energias, em caminho, permaneceriam por algum tempo em meio da rota e aproveitariam o ensejo para os mais diversos serviços, que a nova orientação impunha.

*

Chegou, afinal, o grande dia da partida.

Ruth ia de um canto a outro da habitação de onde todos partiriam, atendendo, com solicitude fraterna e carinhosa, aos deveres de caseira abnegada.

O coração da moça banhava-se de doce amargura. Em pouco, estariam longe, inclusive Josafá. Ela lhe adivinhava o empenho de distanciar-se sempre, como a fugir-lhe do fascínio quase inconsciente dos olhos negros...

Mas, Ruth ansiava ouvir essas doces coisas dos lábios de Josafá e aquela seria, certamente, a oportunidade mais preciosa porque a poucos passos postara-se o arredio bem-amado, que parecia voltado para os próprios pensamentos.

A moça aproximara-se sem ser notada pelo rapaz, tocando-lhe docemente a pele requeimada do braço meio descoberto pelas dobras da túnica grega muito alva, que lhe descia pelo corpo bem talhado de atleta.

Um estremecimento violento tomou Josafá, cujo coração apontara-lhe a origem daquele choque. Dois passos atrás dera o moço, no impulso instintivo da defesa.

– Que Deus te acompanhe os passos!

A voz carinhosa de Ruth era um fio sussurrante e doce, que penetrou de chofre as fibras aparentemente adormecidas do rapaz.

– Ruth, não te aproximes! Bem conheces a proibição existente na seita... – pediu o interlocutor, em voz sumida.

– Mas, não faço parte da seita... – retrucou a moça em tom ingênuo.

– Ruth, não queiras tornar-me mais difícil a obrigação da obediência...

– Quanto tenho esperado por uma palavra tua, Josafá! Estarei enganada? Suponho que amo sem esperanças...

Aquelas palavras cheias de amargura feriram ainda mais a frágil resistência do moço, que se adiantou alguns passos e, colocando-se frente à mulher amada, desabafou:

– Se me amas, realmente, deves preparar-te para a renúncia!

– Farei tudo o que me ordenares! Minha vida te pertence inteiramente...

— Estarás decidida a votar-te ao serviço dos que sofrem? E disposta ao sacrifício de viver sempre longe de mim?

As indagações saíam-lhe a contragosto, surpreendendo-o dolorosamente.

Ruth abaixou a linda cabeça negra e pôs-se a chorar baixinho, sem nada responder.

Aquilo era a mais dura prova para o valente coração de Josafá. Como vencer aquela ternura criminosa, que lhe dominava a alma, derramando-se-lhe por todas as fibras angustiadas do ser?

Estranhamente resoluto, o moço achegou-se à bem-amada, deixando cair toda uma avalanche de palavras há muito represadas:

— Ruth, doce amada, bem conheces os sentimentos que tua presença me traz ao coração. Agora, mais que nunca, sinto-me prisioneiro de teus olhos negros e ansiosos por ter-te para companheira querida de meus dias tristes ou alegres... como mãe dos filhos que nos viriam ao lar harmonioso. Mas...

— Mas?... – perguntou ela, docemente enleada pelas efusões inesperadas.

— Conheces bem o rigorismo das leis de nossa seita! Como desvencilhar-me dos compromissos assumidos? O problema não tem solução...

Novamente os olhos negros, cheios de luz, baixaram-se, banhando-se na torrente das lágrimas, e falavam muito na linguagem expressiva do silêncio.

Josafá deixara-se ficar calado, sem saber como aliviar o próprio coração.

Súbito, porém, o moço essênio recebe o fluxo divino da inspiração, através de confortadora ideia:

— Nem tudo está perdido, amada minha. Confiemos no Poder mais Alto. O Pai se compadecerá de nossas aflições...

Os belos olhos silentes levantaram-se para o moço, cheios de esperanças.

Josafá apanhou as mãozinhas frias da moça, acariciou-as de leve e, inclinando o busto, tocou-lhe as faces com os lábios trêmulos.

E afastou-se sem mais uma palavra.

Lá fora, o grupo já se reunia, sob o comando de Marcos. O moço juntara-se aos companheiros que, munidos de sacolas de couro de carneiro, onde colocaram roupas e víveres, aguardavam a ordem para a partida.

Marcos acertava as últimas medidas com Lisandro e Josué, um dos irmãos que tomaria o encargo de conduzir o dinheiro necessário às eventuais despesas da viagem.

A excursão não teria um prazo determinado. Duraria enquanto houvesse o imperativo da luta pelo esclarecimento dos irmãos que militam nas povoações essênias da Judeia e do Norte.

Marcos saíra ao encontro de Ruth a fim de despedir-se dela e deixar-lhe as saudações dos demais companheiros.

A moça estava por demais absorvida em íntimos devaneios para notar a presença do jovem. Este lhe bateu levemente nos ombros, exclamando:

– Em que céus se encontrarão teus pensamentos, minha boa Ruth?

Ela estremeceu ligeiramente e tentou sorrir, mas as lágrimas apareceram-lhe no rosto formoso.

– Por que estás triste? Alguma preocupação com nossas tarefas?

Aquela pergunta, quase infantil, teve o condão de despertar na mente da moça algo muito importante, que a atormentava, desde a véspera:

– Estive ontem na Chácara das Flores, conforme me incumbistes. Mira e mais duas serviçais virão hoje para auxiliar-me.

Quando transmiti à Lídia o pedido que lhe fizeste para colaborar conosco, ela teve um movimento muito estranho de repulsa e declarou, secamente: – Não irei. Preciso muito chegar a Jerusalém, antes de Marcos e seus acólito:

– É realmente estranhável que Lídia deixe a Chácara nesta ocasião – assentiu Marcos.

– Não seria melhor cortar Jerusalém do itinerário? Quem pode saber o que está tramando aquela mulher vingativa e perversa?

– Não te assustes, boa Ruth. Nada nos acontecerá. Confiamos na Bondade do Deus... Vamos, querida, limpa os pensamentos maus dessa cabecinha generosa e pede a Deus por nós, em tuas orações...

As palavras carinhosas de Marcos sempre tiveram a magia de acalmar as tormentas da moça, desde quando ele era ainda uma criança. Agora a alma dela se levantava ao influxo daquela voz sempre amiga e vigilante do seu bem-estar espiritual.

Desta vez a moça sorriu por entre as lágrimas.

Em pouco, os caravaneiros desapareciam na direção oeste, atingindo a pequena floresta, que se fechava naquele ponto.

O último deles era alto e seu passo mais vacilante que os dos companheiros.

Dir-se-ia caminhava com relutância e pesar. De quando em quando, voltava-se ele nos pés e o olhar se lhe entornava inteiro no grupo de casinhas brancas, que começavam a perder-se na distância.

E o pequeno vulto de mulher, postado à soleira de uma das portas, endereçava-lhe, na mensagem muda das lágrimas, doces ondas de ternura.

O viajor retardatário sente que aquela era a derradeira vez que contemplava a visão de seus amores.

Era Josafá.

CAPÍTULO 41

Meditações e certezas novas

O Santuário mais próximo, situado nas fronteiras do norte das terras de Zabulon, seria o objetivo final da excursão preestabelecida. Localizava-se bem no centro das montanhas do Carmelo.

Longos meses teriam os viajores à frente, antes de alcançarem a meta do itinerário traçado, mesmo porque esperavam inevitáveis imprevistos na jornada.

No caminho arregimentariam o maior número possível de companheiros para uma assembleia no monastério carmelitano, onde os problemas novos seriam apresentados e até lá – quem sabe! – se já levariam testemunhos importantes das excelências dos princípios, colhidos na fonte cristalina do coração de luz do Adolescente.

Dois dias de marcha por vertentes sinuosas e verdejantes, já os caravaneiros haviam vencido sem atropelos, nem novidades.

Lisandro mostrava-se bem disposto para gáudio dos companheiros.

Atendendo à sugestão de Josafá, evitariam o centro do Hebron, fugindo a possíveis contratempos, já que as autoridades estavam vigilantes, no sentido de guardar a hegemonia romana na Palestina e quaisquer manifestações públicas de proselitismo, mesmo sem caráter político, eram consideradas facciosas e tendentes à perturbação da ordem.

A viagem só não decorria monótona porque aquelas almas possuíam o alimento do ideal, que lhes propiciava intrínsecos recursos da mais viva e contagiante alegria. Todas se entregavam ao silêncio, voltando-se ao mais profundo recolhimento.

A tarde avizinhava-se, rapidamente, e os caminheiros resolveram apressar os passos, a fim de atingir a hospedaria mais próxima, antes do cair da noite. Josafá, como sempre, era o guia seguro daquelas rotas incertas, que ele conhecia como a palma da mão.

Gradativamente iam desviando-se da cidade do Hebron, que apesar de pequena era populosa e dominava toda a região do sul, com suas variadas modalidades de comércio, recebendo de todos os pontos, daquela zona, grande afluência de corretores ávidos de boas comissões, de pequenos e grandes negociantes de gêneros alimentícios e materiais produzidos nas diversas cerâmicas sulinas. Entravam todos em contato direto com o florescente centro, de onde se irradiavam elementos importantes da vida econômica da Palestina.

A vida citadina era retalhada nos minúsculos pormenores e levados aos quatro cantos da região. Viver num dos pontos daquela zona era o mesmo que morar no próprio núcleo regurgitante de forasteiros, originários de todos os quadrantes do país, que ali acorriam na expectativa ansiosa de fácil enriquecimento que as possibilidades áureas acenavam generosamente.

Uma hospedaria apareceu à margem do caminho, a regular distância.

Ao longe, a velha casa de pedras, escurecidas pelo lodo do tempo, parecia taciturna, mas, ao aproximarem-se, os viajores notaram que grande número de pessoas se movimentavam de maneira singular, na sala de entrada.

– Nunca vi tanta gente nesta hospedagem! – exclamou Josafá.

Contudo, logo teriam as informações desejadas porque o próprio guia se destacou do grupo, voluntariamente, e lá foi colher as notícias.

Não muito distante, as montanhas do Hebron salientavam-se na sua linha azulada, deixando entrever a exuberância do solo.

Os caminheiros sentaram-se sob a copada de árvores gigantescas, situada nas bordas da estrada poeirenta e bucólica.

O silêncio era quase pesado. Aquelas almas disciplinadas estavam habituadas ao recolhimento mais profundo, mas naquela hora até a brisa leve, que soprava do sul era carregada.

Josué mostrava-se preocupado e Marcos mal disfarçava a impressão aflitiva, que o acometera de repente.

Lisandro mantinha a serenidade habitual, mas a idade já não lhe permitia os esforços de uma jornada longa sem os tropeços da fadiga.

Quando Josafá voltou aos companheiros, houve geral movimento de alívio, mesmo porque ele trazia informações confortadoras.

O inusitado movimento originava-se na afluência de negociantes, em trânsito para o Hebron.

Pouco depois, achavam-se os excursionistas instalados na grande sala de repastos, onde predominava a falta de higiene. Todos, porém, encontravam-se dispostos a toda sorte de contratempos...

Após a refeição frugal, os caravaneiros recolheram-se a quartos contíguos para o repouso necessário, visto como deveriam reencetar a jornada ao alvorecer do dia imediato.

Marcos juntara-se a mais três companheiros, no quarto de Lisandro.

Sob a luz mortiça de velho candeeiro, o moço pusera-se à leitura de manuscritos amarelecidos pelo tempo, que o ancião trazia sempre, como a mais preciosa das relíquias. Tratava-se de uma cópia dos livros de Moisés, que o próprio Lisandro reconstituíra, nos primeiros dias de sua iniciação na seita.

A tradição rezava, no meio essênio, que o original fora obra de anciãos da seita. Há dois séculos foram encarregados da tradução do Pentateuco, do hebraico para o grego, pelo poderoso rei Ptolomeu Filadelfo, do Egito.

Com o correr dos tempos, perderam-se misteriosamente cinco das sete cópias, conservadas na arca, onde se arquivavam os documentos da seita.

Marcos abrira ao sabor da inspiração o livro sagrado e relê o verso seis, do capítulo quinze, do Êxodo:

"A tua destra, Jeová, é gloriosa em poder; a tua destra, Jeová, destroça o inimigo."

Durante o silêncio, que se seguira para a clássica meditação do texto lido, todas as mentes sentiam a distância, em que se situavam os princípios basilares dos dois monumentos da sabedoria espiritual, que doravante defrontar-se-iam: Moisés e a Grande Estrela.

– Por que a diferença na concepção da Justiça? – indaga Josafá, antecipando-se ao pensamento geral.

Marcos pondera:

– De um lado temos a severidade inexorável, vergastando infrações. Por outro, defrontamos a energia doce e suave do Perdão...

O jovem prossegue na tarefa de manusear o rolo de pergaminho, quando, súbito, observou:

– Eis um versículo pleno de luz – este vinte, do capítulo vinte e três:

"Eis que eu envio um Anjo adiante de ti, para que te guarde pelo caminho e te introduza no lugar que tenho preparado."

— Aí existem pontos simbólicos, que precisamos desvendar, não acham? – adiantou Josué.

Marcos aduziu, respeitoso:

— Projeta-se nestas letras a Luz divina do Amor... É a Grande Estrela a derramar luminescências sobre os corações, desde os primeiros albores do entendimento humano.

— Tens razão – concordou Lisandro, que até ali se mantivera silencioso, sob o jugo da fadiga – mas devemos convir que se o Pentateuco houvesse recebido o banho integral da harmonia não haveria leis transitórias no grande livro da Lei...

A palavra ponderada do ancião encontrava guarida respeitosa nas almas atentas que o ouviam.

Embora o cansaço lhe ferreteasse os membros combalidos, Lisandro prosseguiu:

— Todavia, é nosso dever penetrar o sentido das aparentes contradições.

— Mas, a tarefa é enorme para nós outros – disse Marcos –, e precisamos da vossa ajuda, amado Lisandro.

O ancião conservou-se em silêncio por alguns segundos, depois esclareceu:

— A chave de todos os mistérios, o Raboni colocou-nos nas mãos. Todas as dificuldades de interpretação foram afastadas com essa palavrinha mágica, com que o Adolescente fundamentou a luminosa prédica entre nós: Amor.

— Realmente, todas as barreiras da estrada interpretativa caem por terra ao contato desse maravilhoso vocábulo! – exclamou Josué, cheio de fervor santificante.

— Pudessem todas as criaturas sentir a beleza, que emana dessa fonte eterna de luz e o mundo se libertaria, em pequeno lapso de tempo, das algemas das próprias dúvidas... – afirmou Marcos, numa sequência aos pensamentos de Lisandro.

O ancião continuou:

— Há vários milênios, a humanidade vem se debatendo nas garras da ignorância às Leis do Amor. Tivemos ensejos múltiplos de marcar um encontro definitivo com nossa felicidade, através de variados compromissos junto ao Pai, em favor da marcha do progresso das criaturas; todavia, estivemos sempre presos aos tentáculos, ora da fantasia, ora da vaidade, muitas vezes agrilhoados ao egoísmo e outras tantas prisioneiros do orgulho, quase sempre buscando a satisfação das íntimas vaidades, abeberamo-nos no manancial do saber para depois acomodarmo-nos nos círculos da exibicionice tão nociva, quanto inoperante e tola...

Havia amargura nas palavras de Lisandro, que o tom grave mais acentuava, como se emergisse das águas profundas do próprio passado, trazendo à tona reminiscências valiosas, mas amargas.

E o ancião prosseguiu, melancólico:

— Assim rolavam-se séculos sobre séculos. Dormíamos no leito macio das ilusões passageiras. Cada experiência, novo desperdício de tempo e, desse modo, outros séculos passariam se a própria Luz não se condoesse de nossas misérias e não nos viesse ao encontro das deficiências espirituais... Antes do encontro sublime, não víamos nem sentíamos as sombras. Agora, a vida tem um sentido novo, aclarada tal como o raio de sol, que se insinua, sorridente e brilhante, entre as carantonhas escuras das nuvens, em dia de chuva.

Houve significativa pausa. Em seguida, Marcos aduziu, sereno e jubiloso:

— Somente agora, começo a compreender o sentido de muitas lições que me confundiam. A Misericórdia Maior desce sobre o menor de todos os Espíritos, que busca a chave da Paz e da Eterna Harmonia. Louvado seja Deus!

— Louvado para sempre! – responderam os companheiros, num coro de tocante entusiasmo.

CAPÍTULO 42

Em Laquis

Amanhecera brumoso. Nuvens escuras prenunciavam chuvas.

Levantaram-se muito cedo para reiniciar a caminhada.

Marcos mostrava-se apreensivo por causa de Lisandro. E temia um desajuste na saúde de vários companheiros que estiveram enfermos, embora a dádiva da recuperação, com a presença do Adolescente.

O ancião, percebendo a preocupação do moço, adiantou persuasivo e enérgico:

— Vejamos, meu filho, que não nos detenha a primeira pedra do caminho. Tenhamos o cuidado de afastar o seixo, que dormita nas águas de nosso ideal a fim de não toparmos com ameaças mais sérias – recifes inesperados, que se nos apresentarão como barreiras intransponíveis...

Marcos sempre ouvira o velho Mentor com respeitosa confiança, mas agora sentia-se tentado a obstar a que ele continuasse a viagem e retrucou:

— A vossa vida é demasiado preciosa para ser atirada às situações inesperadas da rota.

— Não sejas tu, Marcos, o primeiro a colocar a primeira pedra no meu caminho! – retorquiu Lisandro, com dramática energia.

Depois, interessado em abrandar as tormentas íntimas do moço, tocou-lhe suavemente os ombros fortes e acrescentou alegre:

– Temos de jornadear por muitas horas e será melhor pôr-nos a caminho logo!

E juntando a palavra ao ato, apanhou o cajado leve, que Josafá lhe trouxera de uma de suas viagens ao norte. Com passos firmes e cadenciados, colocou-se à frente do pequeno grupo.

A estrada era quase intransitável na direção do oeste, mas o grupo seguia sem desfalecimentos, com o coração pleno de entusiasmo.

Já haviam atingido as terras de Laquis, quando a povoação lhes aparecera a poucos estádios.

Uma ponta de amargura atravessou, qual seta chamejante o coração de Marcos. Era a lembrança viva do progenitor, despertada àquela altura da viagem. O casario de pedra mal disposto em ruas assimétricas, lembrava Betânia, onde se despedira do pai, em longínqua e melancólica manhã.

Que teria acontecido a Copônio? Nenhuma informação concreta lhe chegara do pai, no longo lapso de tempo, quando ele – Marcos – se fizera homem decidido para as lutas do ideal.

Marginavam a estrada numerosos montões de rocha estratificada. Os campos pareciam áridos e vazios de animais pastoris.

Tudo prenunciava minguadas possibilidades de fartura na região. A miséria devia rondar nessa terra perdida.

Quem sabe teriam de estacionar junto à fome e à dor? – pensou Marcos, em meio às saudades cruciantes.

Suave mão deslizou pela cabeça do moço. Leve estremeção sacudiu-lhe mansamente o corpo. E uma voz – seceníssima e incomparável – sussurrou-lhe:

– Para a frente! Não façamos a dor esperar por nós!

Marcos voltara-se para a direita, de onde recebera o maravilhoso influxo, a fim de inteirar-se da procedência daquelas palavras.

Ninguém naquela direção. Lisandro encontrava-se no lado oposto, junto a Josué, que, no momento, lhe amparava o corpo alquebrado.

O primeiro impulso do jovem fora o de manifestar, em altas vozes, o júbilo do coração, pois agora sabia de onde lhe viera a mensagem de incentivo.

Conteve-se, porém.

A pequenina cidade havia desaparecido por trás das ondulações do terreno.

Vento quente atravessava o pequeno deserto, que separava Hebron do Mar e trazia aos viajores certa onda de mal-estar. A atmosfera carregada transmitia-lhes o torpor da fadiga.

Mas, era apenas o começo. Deveriam vencer milhas e milhas até o objetivo final.

Marcos admitia consigo mesmo, que não seria difícil arranjar um animal manso para conduzir o ancião. Era o que faria, em primeiro lugar, na cidadezinha, cuja proximidade lançava agora um banho de esperanças renovadas na alma dos seus companheiros.

Josafá quebrou o silêncio reinante:

– Afastar-me-ei por meia hora. Vou sondar o ambiente e trazer-vos notícias frescas.

Todos aprovaram a ideia feliz.

A marcha foi diminuída por sugestão de Marcos. Teriam o resto do dia para conhecer o lugar, descansar e saber o que fariam dali por diante.

Amiel, jovem da Pereia, que participava do grupo de neófitos, falou, observando o solo adusto:

– Preparar-se para a morte não será tão difícil quanto extrair-se vida desta gleba. Vede: a terra aqui é madrasta... De que viverão os habitantes deste lugar?

Lisandro respondeu, alisando a alvíssima barba:

– Deus sempre sabe o que faz. Esta gente deve estar marcada com o selo da Divina Justiça.

– Mas poderão libertar-se, buscando novas plagas... – aduziu Marcos.

– Se houver chegado o instante da libertação, não tenhamos dúvidas de que ela se fará, apresentando-se para isso circunstâncias favoráveis – concordou o ancião.

Em pouco, Josafá voltava ao encontro dos companheiros.

Providenciara alojamento para todos, na única hospedaria do lugar, sem dificuldades. Segundo lhe disseram, àquela cidadezinha não aportava viva alma, durante meses. Lamentava-se o proprietário da estalagem de que a grande remodelação do porto de Gaza atraía todo o movimento que Hebron recolhia das adjacências. A coisa seria outra se Laquis fosse um dos pontos beneficiados pelo comércio da região... Mas, paciência! Tudo tem seu dia e hora certos, e o momento propício chegaria também para todos.

Os viajores ouviram divertidos, a ladainha que Josafá procurou reconstituir com bom humor característico.

Chegaram ao povoado aberto, pois ali não existiam nem portas, nem muralhas divisórias, comuns nas cidades do país.

Quando se encaminhavam para a hospedaria, guiados por Josafá, foram surpreendidos por estranho cortejo. Dezenas de crianças esfarrapadas e um número maior de adultos esquálidos. À frente do grupo, quatro homens, visivelmente cansados e doentes, carregavam um fardo envolto em lençol claro.

Era um cortejo fúnebre. Os caravaneiros estacaram à passagem do féretro e puseram-se à oração silenciosa.

Josafá indagou do último componente do grupo quem era o morto. Tratava-se de uma viúva, que deixava três filhos em completo desamparo.

Inteirados da informação, Marcos e Lisandro resolveram estudar o caso a fim de tomarem providências diretas, se necessário.

Josafá deveria acompanhar o cortejo e colher novas notícias, enquanto os companheiros chegariam à hospedagem para ligeiro refazimento.

O ar parado e quente da tarde contribuía para completar a dolorosa expectativa.

As ruas mal alinhadas albergavam casas mal cuidadas, em cujo interior se adivinhavam misérias.

O proprietário da estalagem recebeu os hóspedes com requintes de amabilidade, que o ensejo raro bem justificava.

O homem deu-se a conhecer por peculiar verbosidade.

– Os senhores não vão gostar disto aqui, embora seja grande honra hospedá-los!...

Josué era o representante do grupo nas eventualidades de ordem social e desincumbira-se bem das tarefas diplomáticas, garantindo ao hospedeiro que quanto pior fosse o lugar, maiores possibilidades havia dos companheiros apreciarem a estada.

– Como?! – retrucou o assustado interlocutor.

– Estamos a serviço dos semelhantes e onde houver dor aí estaremos.

Efetivamente, não podia o homenzinho entender dessas coisas. Totalmente metido nos próprios interesses, não deixava lugar para os problemas alheios. A vida lhe corria tranquila, pois contava com pecúlio garantidor dos dias futuros.

Havia segurança para si mesmo, que lhe importavam as incertezas que rondavam a vida dos outros?

Lisandro lera aquela personalidade, como se fora um livro aberto.

Marcos também entendera aqueles sentimentos escuros.

Como o silêncio baixasse quase incomodativo sobre o ambiente, o alegre personagem desculpou-se amavelmente e se afastou, com passos ligeiros.

Acompanharam-no os olhares até a porta da cozinha, onde desaparecera.

Lisandro esboçou leve sorriso e acentuou:

– Coitado! Será a nossa primeira conquista...

– Que significa vossa afirmativa? – indagou Josué, sem conter a curiosidade.

– Garanto-te, meu caro Josué, que o homenzinho será o papai carinhoso das três crianças órfãs...

A estupefação incontida apareceu em todos os rostos, mas ninguém ousou quebrar o novo silêncio, que se fizera na sala modesta.

CAPÍTULO 43

Oportunidades

Oito decênios de vida regrada e metódica proporcionavam a Lisandro o aspecto de maturidade louçã.

Todavia o esforço da última caminhada roubara ao ancião parcelas expressivas, na soma das energias físicas.

Naquela manhã, o Sol nascente encontrara Lisandro ainda aconchegado às cobertas, contrariando-lhe os hábitos antigos.

Uma sombra de inquietações aninhara-se nos corações dos companheiros. Sentiam-se culpados, já que não souberam dosar as forças do Mentor, obrigando-o à caminhada fatigante até para as jovens forças.

Marcos conservara-se junto ao ancião, solícito e apreensivo.

Lisandro dormia um sono entrecortado por subitâneas dispneias.

A hora quarta já se avizinhava, quando Lisandro abriu os olhos cansados e ao dar com o companheiro sentado à cabeceira, indagou, sorrindo:

– Por que me deixaste dormir tanto tempo?

– Precisais de recuperação, amado Lisandro – respondeu Marcos, com os olhos iluminados de esperança.

A voz do ancião estava firme, como nos dias normais. Afinal a confiança voltava ao coração do moço.

– Muitas coisas temos a fazer hoje, meu filho. Não há tempo a perder...

– Ficareis descansando e faremos tudo o que for necessário – disse o moço.

– Nem tudo podeis fazer... Traze-me aqui o dono da hospedaria. Preciso falar-lhe.

– Não poderíeis deixar-me essa tarefa? Dar-me-eis as necessárias orientações.

– Não, Marcos! Vai e não te demores a trazer o homenzinho... – replicou Lisandro, em tom que não admitia réplicas.

Marcos pusera-se quarto a fora, em busca do hospedeiro.

Afinal, pensava ele, que teria o ancião a falar com o estalajadeiro?

Os outros componentes do grupo encontravam-se na pequena sala, em expectativa silenciosa.

O estalajadeiro encontrava-se na sala contígua, dando ordens a uma serviçal da casa.

O solícito homenzinho atendeu prontamente ao pedido de Marcos, indo ter com Lisandro.

O ancião encontrava-se ainda recostado aos travesseiros. Assim que o hospedeiro assomou ao quarto, acompanhado de Marcos, Lisandro abordou-o, sem rodeios:

– Por que não iluminas as sombras desta casa com o riso claro das crianças?

O interpelado lançou um olhar de cômica surpresa ao ancião e indagou:

– A que ponto desejais chegar, senhor?

– Ao mesmo ponto em que nos achamos... Sei que és

casado e que tua mulher vive por aí além, esquecida também dos deveres conjugais, por tua exclusiva causa, que olvidaste os sagrados deveres de esposo e pai...

— Quem vos revelou semelhante injúria? — retorquiu o interlocutor, entre a surpresa e a revolta.

— Ninguém me disse coisa alguma. Isso que te falo foi sonho.

— E como vos atreveis a afirmar como verdade um simples sonho? — tornou o homem.

— É que meus sonhos sempre dizem a verdade... Nunca falham, tanto que me tenho guiado por eles sempre e nunca me arrependi. E olha que já vão longe as calendas e os idos em meus ombros...

Lisandro tivera o cuidado de frisar os termos, que se referiam ao calendário romano. Aquilo fora o suficiente para encabular o interlocutor que tentou mudar o rumo da conversação, desviando-a para os cuidados inerentes à limpeza dos quartos.

Mas o ancião não se dera por vencido e prosseguiu com firmeza:

— Não, não sou nenhum áugure, meu caro. Embora minhas barbas me aproximem fisicamente dos adivinhos capitolinos, nada tenho a ver com eles...

Inenarrável espanto se desenhou nas faces enferrujadas do pobre homem. Era o que, justamente, estava pensando. Julgava-se diante de um daqueles visionários da Metrópole.

Num relance evocativo, desfilaram cenas do passado obscuro, nas praças movimentadas de Roma. Muitas vezes se detivera na base da escadaria do Capitólio a ver os velhos áugures abordarem senadores apressados, que se dirigiam para as reuniões ociosas daquela casa. Não raro, presenciara acontecimentos profetizados pelos singulares anciãos.

Nascera-lhe, assim, o respeito mesclado de terror por tais adivinhos.

Lisandro voltou ao assunto, diante do silêncio prolongado:

– Meu caro Flavius, esta é a hora de buscares a tua paz, dentro de ti mesmo...

– Quem vos informou sobre o meu verdadeiro nome? Aqui todos me chamam por Joeb– acudiu horrorizado o interlocutor.

– Bem sabes que conheço teu passado e teu presente, sem necessidade de quaisquer informantes. Mas vamos ao essencial: esta cidade assistiu ontem a bem triste espetáculo. A morte de pobre viúva, deixando três filhinhos ao desamparo é, realmente, uma dessas coisas que transtornam o coração, não achas?

– Senhor, nada tenho a ver com a vida de outrem! – retorquiu, com azedume.

– Pobre Flavius! Tu és mais infeliz que aquelas crianças desamparadas, que doravante passaram a viver entregues a elas mesmas. Elas são desventuradas por culpa da indiferença dos que as poderiam amparar, ao passo que tu, deliberadamente cavas, cada dia, a rocha fria para teu coração. Logo chegará a hora do enterramento de tuas ambições, no sepulcro do egoísmo devastador.

– Senhor! Proibo-vos que me calunieis sob o meu teto!...

– A verdade fere. Ela aparece, quase sempre, com a couraça da frígida severidade, ao passo que representa, efetivamente, o lado claro e seguro da paz – afirmou Lisandro, acentuando cada palavra.

– Aguardo com prazer vossa saída desta casa! – aduziu o homenzinho, cheio de fel.

– Atenderei logo a gentil insinuação, meu caro Flavius. Antes, porém, precisamos conversar a respeito daquelas meninas que tua indiferença atirou à miséria, na companhia da mãe infeliz. Por outro lado, desejo comunicar-te que tua posição de desertor das armas romanas poderá trazer-te sérios aborrecimentos...

– É uma ameaça, senhor? Vejo que estais bem informado

sobre minha vida e já não me restam dúvidas de encontrar-me face a face com um daqueles adivinhos da Metrópole...

– Nada disso, meu caro! Aqui está um simples homem do campo, distanciado das misérias, que sobram nas cidades.

As palavras de Lisandro, desta vez, impressionaram o interlocutor cujo cérebro trabalhava ágil e seguramente.

Afinal, alguém na Judeia conhecia o segredo, nunca revelado a pessoa alguma. O segredo que apenas ele e Lídia conheciam. Lídia... Sim, agora encontrara a chave do mistério! Lídia devia estar espalhando as sujeiras do marido. Lídia! A simples evocação desse nome transmitia-lhe um arrepio de aversão e horror... Aquela mulher era capaz de tudo...

– Então, não queres notícias de tuas filhas e de tua mulher? – indagou Lisandro, saltitando sobre os pensamentos de Flavius.

Os olhos percucientes do ancião observavam atentamente o interlocutor e retiravam-lhe do íntimo os escuros pensamentos.

O outro sentia-se como réu, cujos deslizes são dissecados, um a um, à vista de Juiz inclemente.

Por fim o estalajadeiro falou:

– Melhor seria para mim se aquela mulher jamais me houvesse pisado o caminho...

– E se ela voltar para o teu lado?

– Eu a matarei!

A afirmativa era incisiva, mas nem por isso perturbou a serenidade de Lisandro, que argumentou:

– Os céus sempre nos afrontam meios mais suaves que a morte para chegarmos ao companheiro indesejável...

– Não desejo ir ao encontro de Lídia! Fugi de junto dela, embora às vezes sinta falta das filhinhas – aduziu Joeb.

– Seria muito bom para teu coração, se tomasses os orfãozinhos. És rico e pouco te custariam as crianças. Além de tudo necessitas da alegria infantil a rodear-te os passos, enchendo-te a vida de objetivos nobres. Mais tarde serás recompensado com o carinho e o amparo desses que hoje te acercam com o pano verde da esperança, rogando proteção...

Após pequena pausa, Lisandro continuou:

– Flavius, as leis de Deus são impenetráveis, todavia, temos testemunhado muitas coisas singulares, entre as sombras e luzes de várias gerações... Temos visto criaturas, que pareciam irremediavelmente perdidas na lúgubre charneca das próprias trevas, levantarem-se sob o influxo carinhoso de duas mãozinhas de criança...

Pareça embora um absurdo, os destinos do mundo têm se assentado na fragilidade da infância! Quem poderá negar a doce influência de um sorriso ou a força da pureza de um coração de criança? Vamos, meu amigo! Tua vida não seria tão vazia se tivesses o amparo suave de alguns bracinhos a envolver-te o pescoço.

Deixaste atrás as filhinhas... substitui, agora, a carne de tua carne pela presença álacre de rebentos alheios. Eis o meio seguro de abrandares a responsabilidade de teu gesto impensado.

Nesta altura, o hospedeiro tornou, quase humilde:

– Às vezes, surpreendo-me a analisar-me dentro de mim mesmo. E tenho encontrado tantos seixos nos quartinhos acanhados de meu coração... Nessas horas, fico atormentado por incômodo arrependimento, mas tanto me esforço, que me liberto dos pensamentos amargurantes.

Uma centelha saíra do coração de Lisandro, tocando o do interlocutor minutos antes dessa confissão.

Era a mensagem muda da compaixão fraterna.

O ancião aduziu, compreensivo:

– Se pudéssemos libertar-nos totalmente dos remorsos, desse íntimo e doloroso estado! Mas, não! Ninguém se desvencilhará desse corrosivo senão pelo próprio esforço no Bem. O equilíbrio perfumar-nos-á o caminho, mas edificado no solo onde houvermos lançado a semente do Amor e da responsabilidade bem entendida.

A harmonia interior – prosseguiu o ancião – é a grande bênção a que todos aspiramos. Mas, ah! quantos séculos necessita a alma humana na aquisição desses valores eternos! – garantia de decisivos passos na rota ascendente para o Todo-Poderoso.

A Harmonia é, pois, a força que dinamiza os elementos da sublime ascensão aos céus da eterna Paz...

Diferente brilho iluminava os olhos de Joeb. A prédica de Lisandro tocara-lhe o íntimo. Nunca lhe falaram daquele modo... Além do que jamais encontrou alguém que lhe penetrasse os anseios escondidos.

– Pensais que ainda poderei alcançar dias venturosos? – indagou o estalajadeiro.

– Como não! Desde que te lembres do próximo e proporciones bem-estar aos desamparados...

– Prometo-vos pensar no assunto e dar-vos uma resposta...

– Mas, não te demores, amigo! A miséria não espera por nossas pausas de indecisão...

– Pronto! Dizei vós o que deveria eu realizar! Se virdes que devo converter-me em protetor de crianças, trazei-me os órfãos de que me falastes...

Lisandro afastara as cobertas e pusera-se de pé no meio do quarto. Numa fração de segundo, achara-se diante de Joeb e tomando-lhe as mãos, abençoou-as com ósculos e lágrimas.

CAPÍTULO 44

Problemas e expectativas...

Corriam bem as coisas na velha hospedaria. As crianças órfãs foram conduzidas àquela casa soturna.

Dois meninos e uma menina, ostentando os três miserável aparência, evidentemente, originária da indiferença dos corações.

Na Judeia, especialmente, casos semelhantes multiplicavam-se, dia a dia, embora a vida em família constituísse ponto básico da legislação hebraica. Os infratores apareciam sempre. Por outro lado, o próprio destino se encarregava de colocar crianças indefesas, no condição em que se viam os protegidos de Joeb.

Lisandro não se deixou embalar pelo magnífico triunfo inicial. O mais difícil estava por realizar. Precisava, portanto, de mais algum tempo para conduzir protegidos e protetor a bom caminho.

O ancião sentia que a tarefa era mais importante e delicada do que parecera à primeira observação. O problema não consistia apenas em arranjar ninho e comida para as avezitas desamparadas. O essencial era agasalhar-lhes as almas, abrigando-as dos vícios e afastando-as dos exemplos nocivos.

E Joeb não se encontrava, positivamente, em situação favorável à solução de tal problema.

21

Que fazer? O dilema apresentava-se claro: ou educar o pai adotivo ou expor os filhos adventícios às rotas inseguras da impiedade e da ambição.

A primeira hipótese era, sem dúvida, a tarefa mais difícil que apanhar as crianças e conduzi-las a um dos povoados das seitas.

A ideia projetou-se na mente de Lisandro como um clarão divino.

Mas, logo uma sombra interpusera-se às íntimas ilações do ancião: Quem sabe aquela seria a grande oportunidade de Joeb para a regeneração? Quem sabe não se reencontraria ele ao contato da simplicidade infantil?

O mais justo seria, pois, ficar um dos companheiros para orientar Joeb e garantir, assim, a segurança da formação moral daquelas crianças.

Reuniram-se todos a pedido de Lisandro, que expôs em poucas palavras o novo problema.

Em seguida, o mentor advertiu os companheiros que se iniciava ali, praticamente, os postulados novos, com base na observância direta dos princípios do Amor.

Em situação comum, aquele caso não teria tanta importância e nem lhes acarretaria responsabilidade maior, mas lembrassem todos de que desde o primeiro momento do encontro com a Grande Estrela, todas as situações seriam extraordinárias, na exigência permanente à renúncia. Todas as oportunidades de serviço ao próximo deveriam ser atendidas com jubilosa boa vontade.

Qualquer displicência ou desinteresse à causa do auxílio seria computada na ordem das responsabilidades assumidas junto ao Adolescente.

Todos ouviram, silenciosamente, as advertências de Lisandro, compreendendo a necessidade inadiável de amparo àqueles órfãos, através da garantia de uma orientação segura.

Aqueles corações colocavam-se à disposição do mentor para a nova tarefa.

Marcos observou:

– Estou pronto a atender-vos; se desejais que eu fique, assim farei...

– Não, Marcos! – retorquiu Lisandro – aqui ficará o nosso Eliseu.

Realmente, ninguém mais indicado que o jovem cananeu, cujo progenitor era romano. Ele conhecia bem os costumes da metrópole, bem como os hábitos sadios da educação hebraica.

O jovem iniciado recebeu com júbilo o primeiro grande ensejo para o testemunho novo.

A tarefa seria, realmente, das mais delicadas, levados em consideração os fatores adversos da formação moral de Joeb.

Romano de nascimento, educado nos princípios mais livres com base nos costumes menos edificantes, que caracterizavam a civilização daquela época, ciclo final de um período de devassidões, difícil seria a lavadura daquela couraça de vícios antigos e arraigados.

Contudo, a tentativa seria realizada. Se o fruto fosse salvo, maiores seriam os júbilos dos que se entregavam ao ministério sagrado da própria santificação, através da iluminação das consciências obscurecidas pela ignorância.

Lisandro confiara ao jovem Eliseu as orientações necessárias ao empreendimento, encarecendo o imperativo da vigilância, devendo o jovem resguardar-se dos fermentos das discussões estéreis e da impaciência, comuns em tarefas daquela envergadura.

Não se olvidasse a lembrança de que a pressa e a imponderação colocam a perder obras notáveis do esforço individual e coletivo, nos agrupamentos humanos.

Às vezes, a imprudência de um minuto leva à ruína do edifício, em cujo levantamento se gastaram anos de trabalho e sacrifícios.

A enfermidade pode anular, em poucas horas, a resistência admirável do organismo mais robusto.

Os companheiros confiavam também no belo caráter de Eliseu, pois lhe conheciam as características de perseverança e idealismo.

Josafá trouxera as três crianças, naquela manhã radiosa. Dir-se-ia que o Sol também participava das esperanças do grupo sonhador. Após três dias de sombra, o astro da vida rompera a faixa densa de névoa e surgira radiante.

Os orfãozinhos permaneceram na sala, dançando os olhinhos em todos os ângulos, num assombro natural da mudança, que se operara em poucas horas na sua vida. O mais velho, instado, carinhosamente, para falar, respondia às perguntas dos caravaneiros, que rodearam as crianças, com paternal desvelo.

O menino aparentava oito anos e possuía olhos vivos e escuros. Todos sentiram que se encontravam diante de promissora esperança para as vinhas do futuro.

A história dos órfãos era singela, comum, segundo as informações do menino.

O pai morrera há cerca de um ano, vitimado por súbitas dores na cabeça. A mãe ficara com todo o peso da casa e não tardou muito, também adoecera presa como se achava ao desgosto da perda do companheiro de vários anos.

A morte viera, surpreendendo-a nos extremos da penúria.

E quando as crianças pensavam que também morreriam de fome, eis que o senhor bom, de vestido branco, buscara-os à porta do antigo vizinho, à espera da caridade pública.

– Agora, tu e teus irmãozinhos encontrastes um novo

pai, que muito fará por tornar-vos cidadãos úteis e felizes... – afirmou Lisandro ao apontar o vulto espantadiço de Joeb, que se aproximara do grupo, deixando por momentos as atribuições de hospedeiro sempre atarefado.

Os olhos do homenzinho pousaram-se demoradamente nas crianças analisando-as com curiosidade.

– Interessante – disse ele –, a cidade é tão pequena e eu não conhecia ainda estas carinhas sujas!...

Um riso geral ecoou pela sala mal limpa, saído de misterioso sentimento de confiança na bondade humana.

Os corações nobres dos essênios confiavam em Joeb.

E podiam partir esperançados e felizes.

Quem sabe na volta encontrariam os primeiros frutos da árvore generosa da Grande Espera?

CAPÍTULO 45

Os primeiros passos em Jerusalém

Passou-se uma semana.

Deixemos Eliseu entregue aos trabalhos iniciais da adaptação dos pupilos de Joeb ao regime educativo e acompanhemos os caravaneiros, no seu itinerário fraternista.

A caminhada em demanda de Jerusalém corria cheia da inquietação geral, em torno da saúde de Lisandro. O sacrifício era dos maiores, mas o ancião não se dispusera a abrir mão do magnífico ensejo de servir à causa da Grande Estrela.

Ninguém ousara opor-se aos desígnios do Mentor que sempre soubera o que fazer.

A chegada à capital judaica dera-se numa tarde de intensivo calor. Valera ao ancião a alimária dócil, que Marcos alugara de Joeb.

A cidade regurgitava de peregrinos empoeirados.

Lisandro lembrara a proximidade da Páscoa.

Os viajores trataram de arrumar pouso e repasto, o que se constituía em grande problema, em virtude das aglomerações de forasteiros.

Josafá, depois de longa procura, conseguiu uma hospedaria modesta, num dos pontos mais afastados da cidade.

Os companheiros acomodaram-se mal, porém, intimamente felizes por haverem vencido mais uma etapa da jornada.

Lisandro solicitara-lhes a presença. Precisavam assentar as bases de ação imediata. As atividades prendiam-se, inicialmente, a problemas da manutenção do grupo, através do trabalho, de vez que se escasseavam os recursos. Além de tudo, toda orientação se fundamentaria nos princípios da fraternidade.

Saíram do povoado da seita, objetivando esse compromisso e dariam contas da responsabilidade assumida perante a Grande Estrela.

Ninguém deveria isentar-se da obrigação de comer e dormir com o próprio suor do rosto, como acontecia no povoado.

A nova situação impunha dificuldades, mas tudo deveriam fazer para solucionar o problema.

Marcos adiantou-se, otimista:

– Uma cidade tão populosa como esta deve oferecer facilidade de trabalho a quem quer que deseje empregar habilidades, esforços e boa vontade no serviço...

Lisandro sugeriu a procura de trabalho para a semana seguinte, visto como os judeus se encontravam em plenos preparativos para a sua grande festa, quando não realizam quaisquer espécies de transações ou propostas.

Marcos aduzira:

– E se procurássemos romanos domiciliados aqui? Eles, por certo, não observam os preceitos hebreus...

– Será uma tentativa interessante... – concordou Lisandro.

Ficou assentado que, na manhã seguinte, sairiam à procura de trabalho.

A permanência em Jerusalém dependeria dos ensejos de atividades diversas, no campo do esclarecimento aos corações desejosos de paz.

As horas de refazimento físico na hospedaria de terceira classe decorreram sem novidades. Lisandro retornava ao ritmo recuperador, embora os anos constituíssem séria ameaça às pretensões de serviço, que o ancião abrigava no íntimo.

As quatro vigílias passou-as o velho mentor de olhos abertos voltados para o teto enegrecido do casarão de pedra – alma tomada por preocupações.

Havia três decênios que seus pés já velhos pisaram aquela terra, em outra excursão de serviço. Lembrava-se de quanto padecera, em face das incompreensões das almas, em cujos refolhos uma faixa nevoenta pulverizava os raios vivificadores de luz.

Como encontraria aqueles corações empedernidos no erro, enclausurados na redoma da ilusão?

Que seria feito do grupo de rabinos, que carregavam a responsabilidade de guiar aquele povo inteiro?

Afinal, havia a luz do idealismo nas almas, que aguardavam a vinda do Seu Rei. Secreta esperança brilhava naqueles corações ao evocarem as profecias mais antigas: Aquele que libertaria a gente de Judá de peias estrangeiras, tomaria o cetro ultrajado e reinaria na Paz e na Abundância!...

– Pobre gente! – meditava o ancião no solilóquio. – Esperavam um Messias com capa de libertador, e que trazia a Grande Estrela? Apenas a túnica alvinitente da Humildade e do Amor...

Chegara a Luz, oferecendo trabalho em lugar do descanso. Indicava a submissão e a tolerância, como substitutivos da revolta.

Como receberia o Salvador, o povo de Israel? Seria Ele reconhecido pela gente escolhida?

Os cansados olhos mareavam-se, desesperançados, no cansaço da vigília.

As aves, na velha hospedaria, iniciaram o canto do despertar, dentro da madrugada melancólica, quando Lisandro cerrara os olhos para o primeiro sono do dia fatigante, que iniciava.

Do lado oposto, no quartinho acanhado, Marcos despertara. A saúde do Mentor preocupava-o, por isso agradeceu a Deus por encontrar o ancião adormecido. O repouso deve ser amparado pelo sono. Permitissem os Céus, Lisandro recebesse o banho da recuperação.

O moço vigiava o sono do ancião, até a hora quarta. Levantara-se e dispôs as coisas de modo a não despertar o Mentor.

Junto aos companheiros, saíram, depois de recomendar Lisandro à guarda do estalajadeiro.

A doce figura do Adolescente se impunha à lembrança constante daqueles corações voltados para o idealismo santificante.

A tarefa daquela manhã era espinhosa. Pela primeira vez, o grupo se vira na contingência de buscar trabalho fora do próprio domicílio. Não que estivessem desabituados do serviço. No povoado, todos abraçavam tarefas as mais diversas. O difícil, porém, era a desagregação do grupo. Óbvio estava que não encontrariam trabalho na mesma casa para todos.

Caminhavam pelas vias, que davam acesso à cidade.

De repente, Marcos tivera uma ideia:

– Vamos dar uma chegada ao Templo? Teríamos ainda bom prazo para ir ao encontro dos possíveis patrões, que a esta hora devem estar gozando as delícias do repouso, em macios leitos...

A sugestão fora recebida com entusiasmo pelos companheiros, alguns dos quais desconheciam a grande obra arquitetônica que Herodes, o Grande, embelezara e enriquecera com verdadeiro requinte de luxo.

O Templo achava-se na parte norte da cidade, plantado no Monte Mória, de onde era visto e admirado por toda Jerusalém.

Os moços encaminharam-se para o local. A admirável obra ocupava extensa área, que Joel se encarregara de discriminar, coadjuvado por Josafá.

Encontravam-se ainda a alguns estádios de distância do objetivo e já grandioso espetáculo se projetava, arrancando exclamações discretas de admiração. Um ponto branco destacava-se do conjunto.

– Eis o Santuário, construído em mármore branco – esclareceu Joel.

– Segundo nos informou Lisandro – aduziu Josafá –, o Santuário se compõe de duas partes: O Santo dos Santos e o Santo. O primeiro só pode ser pisado pelo sumo sacerdote. Aos sacerdotes só é permitida a entrada no segundo.

– E Lisandro conhecerá esses lugares? – indagou Marcos.

– Por certo! – exclamou Josafá.

– Como se explica tal fato, sabendo-se que Lisandro não é Sacerdote das Leis? – retrucou Josué.

– Há muitas coisas, que não entendemos em Lisandro. Acreditamos que ele jamais tenha penetrado nesses locais, mas como os descreve! Dir-se-ia os tenha conhecido de perto, sempre... – encareceu Josafá, pensativo.

Marcos acrescentou:

– Muitas vezes, Lisandro confiou-nos informações valiosas sobre o assunto.

Os costumes oficiais deste país conduzem as atenções gerais, todas as sextas-feiras, à noite, – começo do dia sagrado – para essa parte do Santuário, onde os Sacerdotes colocam os pães frescos da proposição sobre uma mesa de ouro, em frente da qual se eleva o altar de ouro dos perfumes.

Em cima deste há um candieiro do mesmo metal precioso, em cujos sete braços ardem igual número de lâmpadas também de ouro...

– Por que tanta riqueza? O Pai não se agradará com a pompa, não acham? – observou, timidamente, o jovem da Pereia.

– Sim – aprovou Marcos –, pelo menos enquanto houver no mundo misérias e dores, a ostentação do supérfluo brilhante será sempre um acinte aos desprotegidos da fortuna. Dia virá em que as preciosidades guardadas no bojo da terra serão empregadas no embelezamento coletivo das habitações, bafejadas, então, pelo perfume da Paz e do Amor...

Todavia, por muitos séculos, a fome defrontará o fastígio indiferente de massas atraídas pelo ouro que não aproveita à miséria.

CAPÍTULO 46

O templo

Enquanto falavam, aproximaram-se da monumental obra.

Os raios do sol incidiam sobre o teto de folhas de ouro do Santuário. O espetáculo era apoteótico. Só mesmo um cérebro trabalhado na pompa poderia criar aquele deslumbramento áureo.

Os moços avançavam. Já podiam distinguir o Pátio dos Sacerdotes e o Átrio, onde se erguia o Altar dos Holocaustos e o Mar de Bronze que os sacerdotes ocupavam para abluções, antes das funções religiosas.

Os viajores estacaram-se junto à porta de Nicanor, que dava entrada ao Átrio. Aglomeração regular de jovens pais postava-se no local, trazendo crianças.

– Neste pórtico são apresentados os primogênitos para a circuncisão – explicou Joel.

Grupos esparsos de vendedores ambulantes aboletavam-se pelos pórticos e colunas, insinuando-se, audaciosos, objetivando negócios lucrativos.

Joel intervém, atendendo à muda interrogação dos olhares dos companheiros:

– São a ralé da classe. Não pagam o tributo e por isso expõem-se a vexames, jogando, todos os dias, com a própria liberdade.

Mas, não se emendam. Expulsos hoje, voltam amanhã com igual dose de ousadia...

Breve pausa se fizera, enquanto o grupo rumava em linha reta, acompanhando uma das alas que formavam segmentos de pavimentação em pedras raras.

Joel interrompe o silêncio, prosseguindo na descrição do monumento arquitetônico:

– Herodes acrescentou pormenores de indescritível magnificência ao Templo, fazendo deste uma cidade em miniatura. Ao norte, apreciaremos o mercado, constituído por duas séries de colunas com balcões para comerciantes e banqueiros, que o movimentam, sob tendenciosas especulações. No mesmo ponto, encontra-se bela piscina, junto à porta das Ovelhas, onde se banham enfermos, que se abrigam junto aos pórticos claros e arejados. Em certa época do ano, as águas da piscina se levantam sob a ação de um Anjo de Deus, proporcionando a bênção da cura ao primeiro enfermo que se lhe atirar às águas benfazejas. Inúmeros casos comprovaram a maravilhosa influência celeste, em favor dos sofredores.

Frente à porta Coríntia, os viajores observavam suntuosos edifícios, enfileirados na área do Templo designados para as diversas instituições oficiais religiosas e jurídicas, incluindo-se o Sinédrio.

Joel esclarecia, indicando com o índex os diversos monumentos arquitetônicos, na impossibilidade de caminhar cinco jornadas de sábado exigidas no cometimento da observação in loco.

– Vejamos o Chel. Ei-lo cercado por bela grade de pedra...

Todos os olhares convergiram para o ponto indicado por Joel. Havia inequívoca curiosidade em torno da nova informação.

– Vamos até lá, faço questão de que conheçais algo surpreendente.

Os moços percorreram dois estádios, contornando elegante gradil de pedra trabalhada. Pilares artísticos despertaram as atenções.

— É uma das entradas do Chel — esclareceu Joel —; aqui se encontra a maravilha da intolerância judaica que me conduziu aos penates essênios... Vede aquela tábua de aviso e pasmai-vos!

Havia no tom dessas palavras, decepção e amargura, e os companheiros deram-se pressa em sentir de perto a causa do feliz ingresso de Joel no povoado da Seita.

Marcos, estacando-se à entrada, lera em voz alta a inscrição hebraica: "Forasteiro algum ouse pisar este espaço dentro do arcado que rodeia o Santo. Quem aqui for apanhado pagará com a morte sua ousadia".

— Minha pobre mãe entrou aqui, inadvertidamente, por não saber ler e foi trucidada, sem piedade — desabafou o jovem, com lágrimas de dor, brilhando-lhe nos olhos.

— A razão está inteira contigo, meu querido Joel — acudiu Marcos, emocionado. — Não se justifica o domínio das trevas, sob o beneplácito da Lei. Cada dia, convenço-me da impossibilidade da desintegração desses princípios, tão arraigados, dos códigos dominantes.

— A Grande Luz fará descer sobre os corações endurecidos o ferrete de sua força — aduziu Josafá, convicto.

— Todavia, o empreendimento reclamará séculos — retorquiu Marcos, com igual firmeza.

— Já não credes no Poder da Grande Estrela? Nunca vos vi nesse pessimismo...

— Creio n'Ele, meu caro Josafá, mais que nunca, depois do encontro. Mas, creio, também nas forças antagônicas. Que fazer, quando os corações se comprazem no mal? Arrancá-los do lodo contra a própria vontade?

Não, meu bom amigo, o Salvador jamais entrará nos corações pela porta da interferência na liberdade de pensamento.

Que conseguiram os Profetas do Passado?

Chegaram confiantes e ardorosos para o desbravamento das consciências. Mas, qual, dentre todos, não conheceu a revolta e a impaciência, no roteiro da incompreensão para o qual foram designados pela Divina Vontade?

Moisés surpreendeu-se, um dia, a espancar os adoradores do Bezerro de Ouro, após a bênção do Decálogo, no Sinai.

Elias irritou-se, certa feita, com os sacerdotes de Baal, que o rei Achad colocara no lugar dos sacerdotes de Deus. O bom profeta, que passara os anos de sua vida a pregar as excelências da Misericórdia do Criador, desmantelara-se no abismo da revolta e ordenou a matança geral dos representantes de Baal.

Eliseu, entre as curas que operava, praticara horrendos atos de fúria, arrastado pela impaciência a que o conduzira a ignorância das massas.

O profeta Jonas – continuou Marcos – quando chamado pelo Pai ao serviço do esclarecimento das mentes, chafurdadas no lamaçal da concupiscência, recusou-se a obedecer. Surpreendido pela dor voltou atrás, decidindo-se a pregar em Nínive, cidade grande, cujos cento e vinte mil habitantes ainda não sabiam distinguir a mão direita da esquerda. A tarefa era penosa e o profeta logo se cansou, e anunciara às massas impenitentes a destruição da cidade por castigo do Senhor. Houve geral constrição e Deus apiedou-se do povo, cancelando a pena. Jonas retirou-se da cidade, abrigando-se no cimo de montanha próxima, à espera da destruição anunciada. Ficou contrariado, quando verificou que o Senhor não cumprira a palavra empenhada. Desejava ver o povo castigado.

Jeremias, depois de vinte e três anos de pregações diárias ao povo de Judá, exortando-o à penitência, avisou à cidade empedernida sobre o cativeiro próximo, sob a dominação de Nabucodonozor, rei de Babilônia. A escravidão de setenta anos seria o castigo do Altíssimo sobre o povo desobediente.

O próprio Jeremias, a quem fora permitido permanecer em Jerusalém após a invasão babilônica, punha-se a lamentar, pelos muros da antiga capital, triste e arrasada, chorando os que morreram, as crianças levadas ao cativeiro, o povo reduzido à mendicância humilhante.

A voz do profeta eternizou-se na lamentação melancólica, que mãos piedosas registraram no rolo sagrado: "Olhai, Senhor, e considerai a que estado de humilhação me vejo reduzida! Ó vós todos, que passais pelo caminho, atendei e vede se há uma dor semelhante à minha dor!"

A exposição de Marcos despertara o vivo interesse dos companheiros e de numerosos transeuntes, que se aproximaram do grupo para ouvir o moço.

Após breve pausa, voltou ele ao tema, com leve acento de amargura:

— A corrupção entre os gentios, em todos os tempos, apresenta a ignorância por causa determinante. Esta, por sua vez, gera a miséria e os vícios, sobrevindo os sofrimentos e a revolta. Eis que, em meio à devassidão, o Pai envia sempre um de seus Anjos para aplacar a sede de gozos inferiores e apontar o caminho da penitência.

Mas, ai! Nunca foram recebidos, dentro da compreensão legítima, os profetas de Deus!

As criaturas prosseguem, na busca de prazeres pecaminosos, a cair e a chorar, a rastejar-se no pó e a esperar por dias mais felizes...

Adiantara-se, no seio da multidão atenta, um velho de longas barbas brancas. Parecia receber com prevenção as palavras do moço, que prosseguia na exposição de conhecimentos adquiridos na intimidade da seita.

Estranha força estimulava a palavra de Marcos, compelindo-o a verberar os seculares desvios da gente hebreia, cujos deslizes de tantas jornadas não se justificavam. Não apenas pelos ensejos que a Divina Misericórdia colocara-lhe na rota de povo escolhido, mas especialmente pelas luzes conquistadas no convívio de Profetas do Pai Amantíssimo, através de séculos consecutivos.

Como recebiam as graças da lição milenar? Respondiam ao chamamento com evidente desrespeito à casa sagrada de orações, com a intolerância criminosa, mantenedora de sacrifícios humanos, que conturbaram a era patriarcal, com o mesmo requinte de selvageria.

A clareza da dissertação dominava as atenções, mas àquela altura, Josafá sugerira uma vista de olhos à ala noroeste, quando viram o ancião judeu reaproximar-se, acompanhado por dois guardas do Templo, aos quais ordenou, em voz alta e pausada:

— Levai esse moço ao Átrio dos gentios, situado ao sul. Até segunda ordem, mantenha-o sob vigilância.

Dolorosa surpresa estampara-se na fisionomia dos companheiros. Josafá colocara-se junto a Marcos no evidente intuito de protegê-lo.

Os outros seguiram o moço, silenciosos, atentos ao Manual da Disciplina, cujas primeiras páginas estabeleciam os deveres da obediência às autoridades constituídas, mesmo sob o ultraje e a injustiça.

Confortadora serenidade perfumava também o belo coração do jovem orador, nos passos iniciais do testemunho que se aproximava.

CAPÍTULO 47

Júbilos

Avizinhava-se a hora terceira e já compacta multidão começava a afluir ao Templo.

Havia dois dias que Marcos e os companheiros aguardavam o pronunciamento das autoridades maiores.

Significativo silêncio envolvia aquelas almas disciplinadas, desde a hora em que Marcos fora detido pela guarda pretoriana.

Espíritos moldados em rija têmpera, nem por um segundo duvidaram da Misericórdia superior e mantinham-se em serena expectativa.

Dois companheiros dirigiram-se, na véspera, à hospedaria, a fim de colocar Lisandro a par dos acontecimentos.

Marcos observava o movimento nos Átrios circundantes, conservando-se calmo.

Os diversos umbrais achavam-se regurgitantes de pessoas ansiosas por atendimento.

No mesmo paralelogramo situava-se o Pretório, o Sinédrio e a fortaleza Antônia.

O Pórtico de Herodes era visto de todos os ângulos exteriores do Templo – cuja cobertura de ouro deixava entrever a magnificência do interior.

Jovens formosas dirigiam-se ao Átrio das mulheres para o revezamento ao culto das oferendas, que se realizava ao som de cânticos, naquela semana da Páscoa, todos os dias.

O Átrio das mulheres guardava extensa aglomeração de mulheres virgens, casadas e viúvas. O estado civil de cada uma se distinguia pelos trajes, formando um conjunto colorido cheio de esplendor e graça, na manhã festiva. Somente o crepe das viúvas oferecia melancólico detalhe.

As virgens traziam flores. As casadas portavam frascos de incenso e as viúvas escondiam, sob o manto negro, oferendas em dinheiro, que variavam em valor, de acordo com as posses ofertantes.

O espetáculo era novo para Marcos. Não obstante a insegurança do momento, o moço mantinha-se atento ao desenrolar das cerimônias, que, antecedem ao grande festival.

A hora sexta se fazia notar, quando Josafá expressou sua primeira impaciência:

– Por que mantêm aqui nosso Marcos? – a pergunta era dirigida aos guardas. Mas, a resposta não veio.

Marcos fizera um sinal discreto, rogando serenidade ao companheiro.

Um dos litores, visivelmente aborrecido com a prolongada inatividade, pusera-se a resmungar.

Do Santuário, um grupo de sacerdotes surgira de inopino. Atrás um jovem acompanhava-os.

Marcos e seus companheiros reconheceram o Adolescente, que os visitara no povoado, no sul da Judeia.

Era Ele. Nem sombra de dúvida. Especialmente porque se sentiam dominados por invencível emoção.

À medida que o grupo se aproximava, mais se acentuava a radiosidade que circundava o jovem.

Esperanças novas e júbilos se misturavam nos corações dos moços.

Um ancião aproximara-se de Marcos. Os olhos fuzilavam cólera mal reprimida.

– Então, meu rapaz, pretendeste desfraldar uma nova bandeira confucionista no recinto sagrado do Templo?

As palavras do sacerdote vibravam metálicas e frias.

O interpelado manteve a serenidade dos primeiros instantes e a presença do Adolescente era uma nova fonte de recursos imprevisíveis.

– Atrevi-me à evocação de venerandos intérpretes de Deus, através dos séculos, inspirado pelo anseio de realizar algo de útil ao discernimento de nossos companheiros...

Os olhos do interlocutor lampejaram fúria ante a singeleza da explicação.

– Vejo que tenho diante de mim não apenas um atrevido, mas perigoso e cínico amotinador!

Destacara-se do grupo outro personagem, envergando aparatosa indumentária, que observou com evidente descaso:

– Nosso tempo é demasiado precioso e as tarefas destes dias demandam grandes parcelas de energias. Recolham o prisioneiro a uma das celas do forte Antônia. Depois veremos o que fazer com ele.

– Vossas ordens serão cumpridas!

Assim dizendo, um dos sacerdotes entregou Marcos ao guarda mais próximo, que o conduziu às edificações da parte Norte. Os companheiros seguiam-no de perto, fingindo-se curiosos que afluíam da massa humana, ali comprimida, desde as primeiras horas da manhã.

Os olhares entrecruzavam-se em mútuas indagações de surpresa e dor.

Por que o Adolescente não fizera alguma coisa para salvar o companheiro? Nenhuma palavra, nenhum gesto em favor de Marcos. Por que desaparecera sem que ninguém o percebesse? Por quê?

Nesse momento, Marcos envolvera os companheiros num olhar triste, deixando-lhes doces vibrações de serenidade e compreensão.

Joel mal reprimia a angústia, que lhe dobrava a alma.

O rapaz judeu pensou enfrentar as autoridades do Templo, expondo-lhes os motivos da explanação de Marcos.

Após meditar por alguns momentos, resolveu afastar-se, em busca de alguma solução prática para o caso.

*

Josafá seguira o prisioneiro até a entrada da cela escura, quando exibiu as credenciais da seita essênia, tentando obter permissão dos guardas para seguir o companheiro.

Após algumas evasivas, os guardas permitiram a entrada do mensageiro essênio, com a recomendação de que a visita não se prolongasse.

Quando se viram a sós na cela de pedra, os dois amigos ajoelharam-se buscando o amparo de Deus.

Durante o êxtase místico, o recinto iluminara-se intensamente. O coração anunciava-lhes a presença luminosa do Adolescente. A hora era de emoções santas e sublimes. Ambos caíram ao solo, sentindo a pequenez e o júbilo a um tempo, e agradecendo ao Poder, que fazia baixar tanta Misericórdia sobre o mundo!

A voz melodiosa do Adolescente procurava o mais íntimo daquelas almas extáticas.

– Deus seja em nossos Espíritos para todo o sempre!

A suavidade daquela voz penetrara os corações e os olhares se levantaram do chão para os páramos, em busca da Grande Estrela.

– Na hora do testemunho, o Pai Celestial está mais presente, junto aos escolhidos. Felizes dos que mantiverem acesa a lâmpada da Fé, conservando o facho da perseverança no Bem.

Oh, a doçura daquelas expressões penetravam a intimidade recôndita dos seres ali genuflexos.

Passado o primeiro instante de êxtase, Josafá ansiava por indagar dos motivos pelos quais Ele silenciara junto aos sacerdotes, quando o Seu Poder e a Sua Luz poderiam deslumbrar as autoridades do Templo e contribuir decisivamente, em favor de Marcos.

O Adolescente tomara os companheiros pelas mãos. O corpo apresentava-se-lhe envolvido por brilhantes faixas diáfanas. A cabeça formosa, emoldurada de cabelos dourados, envolvia-se na onda esplendente, que ofuscava a visão dos dois moços.

E Josafá ouviu, afinal, a esperada resposta à indagação íntima. Sem sair do ângulo, em que se colocara, o Adolescente observou:

– Estaremos sempre juntos, mesmo quando os grandes não nos possam ver nem ouvir...

O moço suspirou fundamente e compreendeu que, mais uma vez, a Grande Estrela estivera ao lado de todos em sua roupagem eterna de Luzes, sem todavia, ser visto pela maioria...

CAPÍTULO 48

Visita

Uma semana de expectativas dolorosas se passara para os companheiros de Marcos.

O moço, porém, guardava serenidade e confiança, enquanto permanecia no porão úmido e escuro da fortaleza.

Seus companheiros, atendendo aos imperativos da viagem, buscavam trabalho. Uns, como guardadores de animais nas ricas pastagens, próximas de Belém; outros, valiam-se de suas habilidades de tecelões e defendiam o pão cotidiano, amealhando recursos para a excursão iniciada.

Mas, a prisão de Marcos preocupava-os de tal maneira, que não deixavam um só momento de mobilizar o raciocínio, na busca de favorável solução.

Na manhã do oitavo dia da permanência do moço na fortaleza, Lisandro buscara avistar-se com as autoridades do Templo, sem nenhum resultado prático.

O ancião estivera gravemente enfermo, quando teve de aguardar Marcos. O abatimento físico não lhe impediria, agora, de correr em socorro do filho de adoção.

Os companheiros é que não se conformavam com a situação amargurante.

Josafá, diariamente, se avistava com o jovem prisioneiro. Em geral, regressava mais animado, trazendo energias vívidas, hauridas na singular e inalterável serenidade do moço.

Marcos sentia que a causa do Amor, que o Adolescente apontava como decisiva para o norteamento das criaturas, seria coroada de sacrifícios. Não se iludissem os corações dos servidores com as garantias da compreensão geral. Aquele que empunhasse o arado verteria suor e sangue, nos caminhos da perseverança.

O roteiro de luz, que o Grande Espírito deixara na cela fria e umbrosa, oferecia belos recursos à alma do moço essênio. Que poder humano se interporia no ânimo do jovem? Força alguma esmagaria aquela serena confiança, cavada na rocha viva da humildade.

Marcos passava as horas na meditação de textos preciosos, que a memória privilegiada guardava com carinho.

A oração dava-lhe forças até então desconhecidas.

O moço chegava a esquecer a situação incômoda para lembrar-se de planos para os programas novos. Abençoava as horas, em que podia dedicar-se exclusivamente ao Senhor, sem preocupações de ordem pessoal.

Por outro lado, o moço sentia a necessidade de transmitir as rotas novas indispensáveis à tarefa delineada pela Grande Estrela, no povoado do sul, e agora vivificada em esquemas mentais.

As paredes frias da prisão guardavam a luminescência da Grande Luz e Marcos daria a vida com prazer para gozar do privilégio daquela presença contínua.

Mas, que a Vontade do Criador se fizesse sobre o menor dos Seus servos na Terra.

O coração puro do jovem rejubilava-se nas palpitações santificantes do testemunho. Não se lembrava de momentos tão sublimes como os que o presídio lhe proporcionava...

Passos fortes anunciavam a aproximação dos guardas da fortaleza e Marcos pressentira amado visitante ao tugúrio ermo. O coração não se enganara. Era Lisandro. O ancião tinha os passos vacilantes, quase trôpegos. A fisionomia atestava-lhe evidentes sinais de preocupações e enfermidade.

Quando a pesada porta se fechou, os guardas se retiraram, respeitosos, pois já se haviam acostumado a admirar aquele rapaz de maneiras delicadas, cujos olhos mansos e tristes captavam a confiança dos espíritos mais prevenidos.

Lisandro deixara-se cair nos braços carinhosos do prisioneiro.

Por longos minutos, o silêncio não fora quebrado. O ancião lia nos olhos do moço a serenidade comovedora, que fluía de uma alma experimentada.

Lisandro encontrava-se algo surpreendido. Esperava ver o companheiro conformado mas não com aquela fibra segura, que somente os grandes iniciados da seita haviam exemplificado.

O jovem aguardava disciplinadamente a palavra do velho comandante. Na seita, o sacerdote fala sempre em primeiro lugar. Antes dele, nenhum membro tinha o direito de levantar a voz.

Com surpresa, Marcos anotou gesto enérgico, que significava devia o moço falar.

Depois de natural indecisão, o moço indagou, humilde:

– Por que me transferis a responsabilidade de falar primeiro?

O ancião observou com voz trêmula:

– Diante da tua segurança e firmeza, em face do exemplo, já não tenho prerrogativas, nem ascendências... Nunca fui chamado ao testemunho, meu caro Marcos...

– Ouso afirmar, amado Lisandro, que o testemunho não

chegou para mim ainda. Estas horas abençoadas de reclusão representam excelente oportunidade para me sentir mais perto da Grande Estrela. Isto é alegria e felicidade...

As palavras do valoroso moço encheram de lágrimas os olhos do ancião, que retrucou:

– Marcos, deixemos as divagações, meu caro, e busquemos planos para livrar-te desta horrível enxovia.

O moço guardava silêncio. Os planos, que traçara até então, referiam-se à salvação das criaturas. Sua liberdade preciosa ficava em cogitações secundárias.

– Realmente, fui audacioso – confessou Marcos, com simplicidade. – Contudo, não me arrependo de haver aproveitado grande ensejo para o esclarecimento das massas...

– Quando um iniciado como tu, que vives cheio do espírito de prudência e entregue à obediência e à disciplina, derruba as peias da tradição é porque a Grande Estrela está a inspirar-te. Louvado seja Deus!

As expressões carinhosas de Lisandro tocaram a alma do moço de doces claridades.

Sabia até que ponto feriria os interesses dos poderosos da religião dominante e sentia-se feliz com a aprovação do querido preceptor. Tomara nas suas mãos maltratadas por labores manuais a destra do ancião, nela depositando um ósculo de reconhecimento.

Após breve pausa, Marcos observou:

– Muito desejo aprender... Beber desse manancial de luzes eternas, que brilham no vosso cérebro...

Lisandro sorriu, carinhoso:

– Dentro de teu coração lampejam astros de excepcional valor... Atingiste o pináculo do inicianato, antes da graduação final.

Queres uma prova do que acabo de afirmar, não é? Para se avaliar a anterioridade de determinado conhecimento, basta que se analisem as possibilidades de assimilação, desde o primeiro contato com a matéria.

– Sempre julguei que nossas faculdades de raciocínio contribuíssem para a facilidade do aprendizado, em todos os campos da cultura espiritual e humana... – asseverou o moço com simplicidade.

– Não, Marcos. O mecanismo que aciona a máquina do raciocínio necessita do óleo do exercício, muitas vezes demorado e atento. Quando a lição penetra ao primeiro aceno é que o Espírito já possui registros antigos...

Marcos mantinha a preocupação de inocular doses generosas de energias ao coração do amado Mentor, injetando-lhe, através de poderoso esforço mental, o tônus vital, enquanto este lhe falava.

O ancião percebeu o generoso impulso e silenciou. No mais íntimo do ser, louvava a misericórdia do Pai pela valiosa dádiva de Amor, que lhe permitiria avançar nas lides iniciadas. E o ancião, refeito, mal se conteve para não cair aos pés do moço prisioneiro.

CAPÍTULO 49

Surpresas da viagem

As horas decorreram rápidas para os dois companheiros, no planejamento de medidas para o futuro, com relação ao programa novo a ser desenvolvido nas terras do norte da Judeia e, possivelmente, nos rincões da Galileia.

Embora a Galileia não entrasse inicialmente nas cogitações dos caravaneiros, Marcos considerava de bom alvitre que aquela gente singela e rude também recebesse a palavra esclarecedora.

Lisandro lembrara que a região norte da Terrarquia de Herodes Antipas não compreenderia as lições novas, perdendo os companheiros o fruto do entusiasmo, atirando pérolas do conhecimento elevado a mentes embrutecidas pela ignorância.

O moço, porém, interpusera-se às reflexões do ancião, garantindo que a luz devia ser projetada em todos os ângulos, desde que possibilidades eles as teriam para a realização prática do plano.

Lisandro acabou por aceder à sugestão, embora estivesse convicto de que perderiam tempo precioso, malbaratando possíveis interesses imediatos, no campo da iluminação das mentes.

A matéria discutida fora longa e o mais ficara esquecido.

Quando Lisandro dera acordo de si, já os guardas anunciavam discretamente o término da visita.

O ancião levantara-se quase lépido. Não se surpreendia,

pois conhecia a fonte generosa de onde lhe manavam os recursos de vitalidade.

Pai e filho pelo coração tocaram-se demoradamente nos ombros, num gesto só conhecido dos irmãos reunidos pelo ideal e pelo amor.

Lisandro tinha os olhos molhados, enquanto o olhar de Marcos revelava profunda alegria íntima.

O moço sonhava com as responsabilidades da tarefa nova, confiante na Misericórdia do Pai.

*

Reunira-se o Conselho para julgar três a quatro casos, dentre os quais o de Marcos.

Era o Sinédrio, que se compunha dos príncipes, dos sacerdotes, dos escribas e anciãos. Reuniram-se os setenta e dois membros, presididos pelo sumo sacerdote.

A ciência jurídica fazia-se representar pelos escribas.

Lisandro pensava em valer-se, numa última instância, caso o Sinédrio proferisse sentença de morte, dos direitos de nascimento do acusado, que obrigaria o encaminhamento do caso ao Procurador romano, pois só com a sua confirmação é que poderiam executar tal sentença.

Antes, porém, o ancião buscara convencer as autoridades judaicas, apresentando-lhes as credenciais de sacerdote essênio, cujo valor se patenteava nos diversos campos de atividades humanas. Os essênios eram respeitados pelas camadas mais altas da Judeia, em razão dos assinalados serviços aos sofredores e, especialmente, porque a seita se estribava em sólidos princípios de respeito às leis do país.

Do calor das discussões, surgiu, afinal, o inesperado: Marcos fora absolvido.

Bem se notava, porém, que as autoridades agiam com prudência para evitar atritos com a representação do Império Romano, especialmente nos dias da festa máxima judaica.

*

Os caravaneiros reuniram-se à porta oeste da grande cidade. O sol matinal era um convite ao trabalho e à alegria.

Josafá conseguira uma carriola com os denários que amealhara, no serviço em casa de um romano orgulhoso recém-chegado da Metrópole.

O veículo, apesar de estragado pelo uso, seria de grande utilidade para o transporte das mochilas modestas e, em caso de necessidade, seria útil providência para as pernas cansadas de Lisandro.

Às primeiras horas do dia, saíram rumo a Emaús, onde aportaram após pequeno percurso, qual o que separa as duas localidades.

Na pacífica povoação nenhum acontecimento de vulto se registrara. Os viandantes, depois de ligeiro repasto, seguiram caminho, alcançando as colinas do leste. Tencionavam vencer no primeiro dia o lance montanhoso em direção às margens do Jordão.

Contrariando os hábitos da seita, à certa altura da rota, o ancião interpelou Josafá:

– Conta-nos as ocorrências na casa de teu amo, em Jerusalém.

Josafá atendeu surpreso:

– Desde as primeiras horas de serviço, senti-me deslocado e só perseverei na casa porque o dinheiro nos seria útil. O senhor parecia sempre preocupado em assumir atitudes de mando. Obcecado pela mania de calcar aos pés os mais humildes.

É pena! – continuou Josafá. – Ele é ainda tão moço... Poderia aproveitar tão bem a vitalidade e a fortuna, distribuindo benefícios...

Lisandro fitou Marcos com a habitual ternura paternal e prosseguiu, dirigindo-se a Josafá:

— Não tens ideia da identidade do romano? Não te lembras de havê-lo visto algures?

O interpelado meditou por alguns momentos e anuiu:

— Sim. Acreditei conhecê-lo de algum lugar. Contudo, por mais que fizesse não consegui lembrar-me onde e quando...

Marcos ouvia o diálogo e interveio, humilde:

— Atrevo-me a supor que Glauco tenha regressado. Pobre irmão!

Lisandro confirmou:

— Sim. Teu irmão voltou de Roma, investido de alto cargo, na representação do Império Romano, em Jerusalém. Talvez os bons ofícios da velha Gláucia junto a Tibério...

Marcos silenciara, melancolicamente. O coração viajava pelas asas da saudade, obrigando a terna lembrança ao progenitor querido.

Sabia estar o pai nas Gálias e, de quando em quando, a esperança de um reencontro perfumava-lhe a alma.

Lisandro obtemperou:

— Marcos, fomos bem inspirados ao deixar a capital da Judeia hoje. Teu irmão não está preparado para entender-te e sofrerias decepções inevitáveis.

Josafá mostrava-se pensativo. Lembrava-se agora de haver encontrado outra criatura indesejável, no justo momento de sua saída do palácio de Glauco. Era Lídia, que penetrara o peristilo com alguma desenvoltura, transpirando evidente favoritismo naquela casa.

A mulher teve tempo de lançar raivoso olhar ao reconhecer o antigo mensageiro essênio.

Josafá confiou aos companheiros a singularidade do encontro. Porém, novos acontecimentos surgiriam, contribuindo para o completo esquecimento das lembranças dolorosas.

A pequena cidade de Rama aparecia a pouca distância, com seu casario irregular e sujo.

Que novos sucessos esperavam ali os caravaneiros?

A parte mais difícil da jornada já haviam vencido. Escalaram colinas, cujos topos cobertos de verdura forneciam, contudo, elementos preciosos de vida e encantamento àqueles homens corajosos e fortes no ideal.

Um pensamento os animava sempre e sempre: a tarefa que o Adolescente lhes confiara.

A carriola levantava o pó do caminho, enquanto novo silêncio envolvera o grupo até a entrada da cidade, a cuja porta aberta pararam para o indispensável refazimento de Lisandro.

Joel comprara uma tenda usada, em cujo levantamento se ocupavam, quando três homens se aproximaram.

Pela indumentária branca e maneiras cordiais, todos reconheceram em dois deles companheiros de ideal.

Realmente o eram. Avisados pelo ancião do Santuário do Monte Carmelo da importante excursão, vieram ao encontro dos irmãos. Queriam participar das alegrias e das asperezas da marcha renovadora.

A um pedido mental de Lisandro, Marcos reconstituiu com fidelidade o encontro com a Grande Estrela, salientando as lições recebidas com entusiasmo.

O outro recém-chegado, moço simpático, aparentando boa linhagem, não escondia o júbilo que a perspectiva de integrar a caravana nas lidas do esclarecimento lhe trazia ao coração.

O ancião, porém, objetou:

– Os cometimentos de ordem material da seita, nesta parte da Judeia, são de molde a dificultar os anseios fraternistas, no sentido da participação direta que cabe aos membros do sul. Muitos desejarão acompanhar-nos, poucos, no entanto, realizarão o intento.

– Haverá algum impedimento para mim? – interveio o moço.

– A tua posição e os teus deveres em Arimateia superam as possibilidades de integração em nosso grupo, infelizmente.

A resposta de Lisandro deixou uma sombra de tristeza no olhar claro do interlocutor.

Marcos sentiu-o de tal maneira, que se decidiu a intervir em favor do ardoroso companheiro:

– Quando se tem boa vontade não é tão difícil...

– Não se pode desfazer de um momento para outro de compromissos sérios, em favor de outras causas. O coração se torturaria no pesar, prejudicando ambas as tarefas e envolvendo os companheiros em ondas de inquietude.

A explicação de Lisandro provocara a meditação daquelas almas generosas, que se recolheram, humildes, para melhor sentir a lição.

Após longa pausa, o moço anuiu, conformado:

– Restam-me as esperanças, que me acenam do futuro...

Lisandro observou, carinhoso:

– Enquanto isso, despoja-te aos poucos das ilusões transitórias! A vida ainda te pedirá contas do tesouro que guardas dentro de ti, meu bom José.

A noite caíra rapidamente. O firmamento povoara-se de astros esplendorosos e a suave calidez da atmosfera convidava à vigília e à contemplação.

O grupo, liderado por Lisandro, ajoelhara-se à entrada da tenda singela, com os rostos voltados para as alturas infinitas.

Suave coro se desprendera das gargantas, em busca do Criador de todas as grandezas.

A cena era tocantemente bela e José não tivera forças para enfrentar o quadro. Deixara-se tomar por convulsivo pranto.

As últimas notas rolaram, suaves, pela colina tapizada e a luz das estrelas parecia vir ao encontro dos humildes adoradores, iluminando-lhes os semblantes extáticos.

Após longo silêncio, o ancião observou:

– Nossos companheiros pernoitarão em nossa companhia e aproveitaremos o ensejo para acertar esquemas de ação para o programa da esfera onde militam.

Nicanor e Natanael, os outros companheiros, receberam a notícia com particular contentamento.

Marcos, instado por Lisandro, ponderou:

– Sugiro que os pormenores todos de nossa tarefa sejam registrados para o conhecimento geral da seita. Que todos recebam orientação segura, sem os perigos de deturpações ou falseamentos das ideias luminosas, que a Fonte da Pureza jorrou para dessedentar-nos generosamente.

– Tens razão, Marcos. Aproveitemos nossos amigos para os trabalhos iniciais de divulgação exterior. Amanhã nos apartaremos e eles devem estar de posse das instruções indispensáveis à sua linha de ação – concordou Lisandro.

E foi assim que, sob a luz mortiça de velhos candeeiros, debruçados nos joelhos, aquelas criaturas deram começo ao registro de importantes planos para a implantação da Santa Aliança do Amor nas terras de além Judeia.

CAPÍTULO 50

No Santuário do Carmelo

Uma semana se passara desde a memorável noite, em que os viandantes pernoitaram à entrada de Rama.

No dia seguinte, desceram a lombada ocidental das verdejantes montanhas, buscando as margens do Jordão.

Subiram até à altura de Decápolis, tomaram o sentido do oeste e acompanharam a linha horizontal de pequeno afluente do Jordão, à procura do vale que os levaria ao Monte Carmelo.

Efetivamente, ao entardecer do sétimo dia ali chegaram.

O percurso fora longo, porém, relativamente fácil. Toda a jornada, constituída de caminhos inóspitos, onde, durante horas não se encontravam viva alma.

Marcos seguia entre Josafá e Joel. O silêncio habitual envolvia o grupo. As colinas próximas do Carmelo endereçavam cordial aceno aos viajores. As elevações apresentavam-se de forma irregular e tomavam conta do terreno, ondulando-se em caprichosos altos e baixos.

O itinerário atingia o objetivo principal: a pequena distância aparecia, ao sopé de luxuriante outeiro, o Santuário pequenino dos irmãos do Carmelo.

Um coro de gratidão estava prestes a sair dos lábios, mas

os júbilos da chegada deveriam ser uníssonos, ligados aos dos companheiros locais, de acordo com a tradição.

O Santuário semelhava-se a modesta habitação comum e nada apresentava exteriormente que se lhe revelasse a posição sagrada.

O Sol poente coloria as nuvens baixas, quando os caravaneiros pisaram a área coberta de relva do Santuário. Absoluto silêncio reinava soberano no ambiente de paz. Ninguém à porta. Não se surpreenderam os recém-vindos com a frieza da recepção. Sabiam que os companheiros realizavam o culto habitual ao Pai Altíssimo.

Marcos conduzia a carriola e a um sinal seu, os jornadeiros se aproximaram. Desejava o moço que todos chegassem à soleira juntos e fizessem coro ao tributo vespertino ao Criador.

Mas, uma surpresa o aguardava. O ancião recostado ao canto quase escuro do pequeno veículo, que rodava qual tenda, protegido por tecido grosseiro, parecia dormir.

Marcos inteirou-se da dura realidade: não mais se percebiam suas pulsações. O companheiro e mestre da infância e da juventude havia deixado a vida.

Os companheiros circundaram a carriola. Mal acreditavam no que viam. Espíritos forjados nas lutas, vergavam-se ao peso da provação inesperada.

Os olhos claros de Marcos banhavam-se, na dor incontida. De seu coração saíam-lhe dolorosas interrogações.

Por que Lisandro os deixara, no momento em que mais necessária era sua presença? Por que agora, quando iniciavam a jornada da vida, o mestre os deixava desamparados de sua orientação pessoal?

Tão absortos se encontravam nas ilações da própria dor, que não notaram a presença dos irmãos.

O corpo inanimado de Lisandro foi retirado da carriola e conduzido respeitosamente para o interior do Santuário. Os viajores acompanharam o pequeno cortejo através da sala até um aposento mais afastado, relativamente amplo, despido de móveis. Era o lugar reservado ao culto da oração.

O corpo foi depositado numa esteira alva de tecido grosseiro, trazida às pressas.

Postaram-se junto ao cadáver. Os corações se uniram nos cânticos de submissão aos Desígnios de Deus. Entregavam o Espírito do Justo ao Supremo Doador da Vida.

As primeiras sombras da noite não foram percebidas, porquanto o local iluminara-se de fulgurâncias. O teto escuro, cavado na rocha, bordara-se de luzes cambiantes, que desciam de altas esferas.

Às últimas notas do hino, um coro de vozes celestes se fez ouvir, partilhando das belezas trazidas pelo recolhimento e oração. Havia um toque de soberba elevação, no ambiente de dor. Paradoxo perfeitamente compreensível àquelas almas portadoras do conhecimento racional.

Os troncos estavam prosternados, ao som das vozes que inundavam o ambiente de maviosidades desconhecidas.

As derradeiras notas se diluíram no espaço e outra voz muito conhecida se fez ouvir. As cabeças mal apontavam na dureza do solo, ante a maravilha do acontecimento.

Lisandro falava-lhes como outrora. A voz firme e pausada do ancião convocava os companheiros às lutas, que mal se iniciavam.

— Não se perca um instante do tempo precioso na contemplação da carne chamada aos processos da mudança inevitável...

Marcos erguera a cabeça.

Queria certificar-se da procedência e identidade daquela voz.

Lisandro encontrava-se mais vivo que nunca, fulgurante na esplendência da nova roupagem.

O ancião aproximara-se vagarosamente do companheiro querido e concluiu, acariciando de leve com as mãos luminosas os cabelos do moço:

– Entregai-me o corpo aos cuidados do generoso pastor, que se aproxima do Santuário com seu rebanho. Ele fará o necessário. Sigam todos adiante. A obra mal desponta e não deve sofrer delongas. A Grande Estrela espera por nós. Seguirei convosco até o último dia...

E a voz amada prosseguiu, após ligeira pausa:

– E não estaremos sós. Grupos luminosos – equipes avançadas do Bem – mobilizam-se para a grande tarefa.

Fulgurante catadupa desprendeu-se do teto como afirmação soberba das palavras de Lisandro. Camadas esbranquiçadas cintilantes sucediam-se, ao som de invisível orquestra, semelhando-se à cascata que rumoreja no dorso da montanha. Em meio ao volume da substância alvinitente e diáfana como a renda de Damasco, flutuavam camadas multicoloridas.

A cena era nova para todos, excetuando-se para Marcos e Josafá.

Quando os ouvidos disciplinados, acostumados ao silêncio das coisas puras, registraram novamente o cântico das Alturas, os louvores sublimes atestavam a presença de Espíritos Superiores.

O enlevo substituiu as aflições das primeiras horas nas almas ali reunidas. O coro era de uma suavidade envolvente, arrebatando os corações iluminados pela causa da Grande Espera. Quanto tempo permaneceram na postura de êxtase, não podiam avaliar. Quando voltaram a si, achavam-se mergulhados num oceano de paz.

Sentiam-se preparados para enfrentar todas as barreiras. Precisavam agora dar as primeiras providências. Como uma resposta às preocupações nascentes dos caravaneiros, ouviu-se um canto próximo. Era o pastor anunciado por Lisandro, que recebia as primeiras estrelas com o embalo da voz harmoniosa, enquanto se dispunha às quatro vigílias da noite para o cuidado ao rebanho numeroso.

Era um pegureiro ainda jovem. Trazia uma avena a tiracolo. O vestido de tecido claro era nota alegre no claro-escuro da noite.

Com um riso fresco de criatura feliz, acolheu o grupo essênio à porta do Santuário. Em poucas palavras, Josafá expôs a situação, rogando os serviços do moço pastor.

Marcos sentia-se carregado de pesar ao pensamento de deixar o corpo do Mestre querido, sob os cuidados de estranhos. Mas, era necessário seguir. O próprio Lisandro desejava que assim fosse.

CAPÍTULO 51

O testemunho supremo

O grupo achava-se preparado para a jornada. Reiniciariam a caminhada interrompida, logo após uma explanação aos irmãos do Carmelo sobre os novos ideais de seus corações, com os quais implantariam a Grande Aliança do Amor.

O pastorzinho prontificara-se a velar o ancião até o raiar da alva, quando alguns companheiros o auxiliariam a levar o morto a improvisado sepulcro, na falda da montanha fronteira.

Os viajores oscularam a face do generoso pastor, no reconhecimento da despedida e seguiram o caminho do norte. Antes da quarta vigília deveriam transpor o acidentado terreno, que convergia para as terras galileias, onde destino incerto os aguardava. Contudo, os corações rejubilavam-se, guardando as mais sublimes lembranças.

✻

A Tetrarquia de Herodes Antipas andava assoberbada com numerosas escaramuças impetradas por facções rebeldes. E como se não bastassem as aflições oriundas de tantas tormentas, acresciam as preocupações do cinturão romano que, dia a dia, mais se apertava, avolumando-se cruelmente os crimes ao direito, através de abusos ignominiosos.

A Galileia semelhava-se, aparentemente, a gentil donzela,

envolta no recolhimento da pudicícia. A realidade, porém, era outra. Revoltas surdas se aglomeravam, em alianças ocultas entre nacionais e gentios. Todos odiavam o jugo estrangeiro e mais que isso, desejavam exterminar o rei impiedoso e traidor, que cultiva sua concupiscência e fraqueza no prato roubado ao suor e no sacrifício da pobre gente, que governava.

Por isso Antipas não conhecia paz. Sempre atormentado por horríveis pesadelos, que não passavam de sombras da própria consciência, projetadas da semiobscuridade do subconsciente.

Os companheiros do Carmelo sentiram-se no dever de colocar os outros a par das ocorrências. Urgia muita prudência no desenvolvimento da tarefa, a fim de que não viessem eles ser indiciados como sediciosos. O perigo era real.

*

Peregrinaram pelas terras do norte durante dois anos, falando quase sigilosamente às criaturas sofredoras e particularmente orientando os companheiros, a respeito das tarefas novas.

Aos poucos, o grupo se avolumava e Marcos determinara, com a aquiescência geral, que se dividisse a caravana, formando-se novas equipes.

Desse modo, o serviço foi ampliado sob a orientação de Marcos. Os grupos partiam de Naim para pontos diferentes, com o objetivo de esclarecer o povo e exemplificar a fraternidade e o trabalho.

Não frequentavam as sinagogas, mas certo sábado um dos companheiros emitiu o desejo de comparecer a um dos cultos matinais, no que foi atendido.

Achavam-se em Nazaré.

A sinagoga alinhava-se no centro da pequena cidade e distinguia-se pela harmoniosa beleza da estrutura. Vistosas colunas davam continuidade a seu embasamento de pedra. Voltada para o Templo, como a significar sua fidelidade.

Marcos e os companheiros acomodaram-se numa das partes laterais, destinadas aos homens.

Ao longo da parede dianteira, situavam-se bancos de pedra reservados às figuras eminentes da sinagoga.

No centro, uma cadeira vazia aguardava o seu iluminado ocupante, cuja vinda o Grande profeta anunciara para o amaino dos corações, antes da chegada do Salvador. Elias deveria ocupar aquela cátedra, consoante Malaquias.

No centro, encontrava-se ainda o púlpito quadrangular, sobre o qual repousava um livro.

A arca, embutida numa das paredes, guardava os rolos de pergaminho, que continham os textos sagrados.

Ao lado, uma lâmpada ardia continuamente diante do candelabro de sete braços, reprodução daquele do Templo.

Marcos, contrito e ardoroso, preparava-se intimamente para a oração, junto aos companheiros.

O arqui-sinagogo dera início à reunião com o Shema tradicional, recitando trechos do Deuteronômio e do Números. A voz do genesiarca vibrava algo artificiosa, na ênfase mecânica:

— Ouve, Israel, o Senhor nosso Deus é o Único Senhor. Amarás, pois, o Senhor teu Deus de todo o teu coração, de toda a tua alma e de todo o teu poder. E estas palavras, que hoje te ordeno, estarão no teu coração. E as intimarás a teus filhos e deles falarás assentado em tua casa, e andando pelo caminho, e deitando-te e levantando-te...

Marcos recebia a lição como um jato de energias. Aquelas palavras tão antigas tinham agora novo sentido. Ganhavam força desconhecida no entendimento do jovem.

As últimas palavras do Shema deixaram-lhe um lastro de emoção incentivadora:

— Terás que, diligentemente, obedecer a meus mandamentos que hoje te ordeno, de amar ao Senhor teu Deus, e de O servir de todo o teu coração e toda a tua alma, para que se multipliquem os teus dias na Terra, que o Senhor jurou dar-te como os dias dos Céus sobre a Terra.

O arqui-sinagogo levantara-se novamente para anunciar a segunda parte do culto, ao mesmo tempo que convidava sete membros influentes da casa para a leitura da lei.

Cada leitor recitara três versículos dos rolos que o chazzan trouxera da arca. Vários pontos estatuídos para o conhecimento jurídico foram recitados, sob a observação fingidamente atenta do sheliah, que subira ao púlpito, juntamente com o doutor da lei designado.

Em seguida, o presidente do culto nomeou outro membro da sinagoga para a leitura dos Profetas. Tomara do rolo, que o chazzan lhe apresentara, abrindo-o sem prévia escolha.

Alguns trechos de Jônatas foram lidos em caldaico. Em seguida, outro texto apresentado. Este de Isaías, cujo livro Marcos amava acima de todos. – Pena é que nem todos estivessem preparados para sentir a grandiosidade daquela página! – pensou o moço.

– "Eis aí está o Senhor Deus, meu auxiliador; quem há que me condene? Eis que todos eles, como vestidos, se envelhecerão e a traça os comerá."

Finda a leitura, o arqui-sinagogo convidara o moço essênio para pregação. Marcos surpreendera-se com o inesperado do convite. Pois sabia que a tradição judaica não permitia estrangeiros no ofício sagrado.

Acaso os traços fisionômicos não lhe denunciavam a descendência romana? A verdade, porém, é que seu coração pertencia ao país, onde se entregara de corpo e alma ao serviço da Grande Espera.

Por que, então, vacilar? Levantou-se e assumiu o lugar que lhe destinavam.

Ligeiro movimento de curiosidade agitou a numerosa assistência. Mui raramente um moço era solicitado às tarefas da pregação.

Não era sem motivo que todos os olhos se fixaram na figura esbelta, onde traços estrangeiros se evidenciavam, embora amenizados pela suavidade do magnetismo, que lhe fluía dos olhos mansos, que buscavam um ponto longínquo, penetrando o espaço à procura do Infinito.

– Deus sempre esteve conosco – começou Marcos. – Quando a fome nos visitava os estômagos intranquilos, Ele nos acenava com o lenço branco de promessas seguras. Quando a febre dos areais sem fim nos fustigava a pele, confortava-nos com as noites consteladas, cujos recursos fascinadores nos banhavam, como doce mensagem do Pai. Quando a sede nos maltratava a garganta seca como o deserto batido pelo vento, Ele nos oferecia o veio abundante e puro na rocha adusta.

Sempre junto a nossos corações inquietos, constantemente apontando-nos a terra de nossas esperanças, como um lastro pejado de estrelas...

A voz de Marcos era acalentadora na segurança das reminiscências. E prendia os ouvintes, que demonstravam vivo interesse pela exposição do moço que se detivera por algum tempo naquelas considerações tão queridas dos seguidores de Moisés.

A certa altura da alocução, um jato de vigor banhou a mente do expositor e soberbo potencial afluiu-lhe nas cintilações do verbo, que evocava o grande Profeta Isaías:

– Eis que os Anjos do Senhor falam pela boca de seus intérpretes, nas faldas sagradas do Carmelo, anunciando grandes coisas ao povo de Israel.

É a palavra da consolação, ungindo de esperanças a gente desarvorada de Sião.

É o cântico da sublimação, vertendo a água pura das verdades eternas, que hão de lavar a iniquidade dos corações.

Todo o vale do Jordão será exaltado. Os montes da terra abençoada render-se-ão ao toque dos divinos pés do Servo do Pai Altíssimo.

Os Espíritos mais enrijecidos na forja da maldade se abrandarão, enquanto a Glória de Deus se manifestará em toda a Terra de Judá e todos compreenderão que d'Ele descem todas as luzes clarificadoras dos caminhos humanos, em todos os tempos.

Porque o homem é a erva que seca depois de deitar flores.

Seca-se a erva e caem as flores, soprando nelas o hálito do Criador e o homem volta à vida, no ciclo abençoado da renovação.

E a palavra de nosso Deus subsiste eternamente.

Estas coisas dirá o Anunciador a Sião – a grande voz que clamará no deserto das consciências entorpecidas no erro, buscando endireitar as veredas para o Pai.

E o Servo do Pai, do Monte alto da Sabedoria e da Luz, conclamará o povo de Israel ao cumprimento de leis, que se estribarão na Justiça de Deus e no Amor para com as criaturas.

Momentânea pausa sublinhara as últimas palavras de Marcos, ocasionada por inopinado gesto de impaciência do arqui-sinagogo.

Na assistência, Josafá começava a pensar em coisas funestas quando reconheceu na parte reservada às mulheres o perfil colérico de Lídia.

Todavia, o orador prosseguiu, desassombrado:

– E o Pastor tomará de suas ovelhas e as apascentará para a grande conquista das almas.

Virá como o forte, dominando com seus braços todas as dores e impaciências dos cordeirinhos, que vierem ao seu regaço.

A Cidade Santa guardará a glória de haver acolhido o Salvador e há de levar aos quatro cantos da Terra a palavra do Anunciador Divino.

Mas, pobre Jerusalém! ai de ti! Levarás o Cordeiro à imolação ignominiosa porque tens duro o coração.

Ai de ti! Porque sempre terás ouvidos cerrados à palavra sublime do Salvador, como tivestes para com os Profetas.

Quanto a ti, Israel, caberá a triste tarefa de conduzir às geenas do sacrifício a voz dos anunciadores de novos caminhos, que prepararão os corações para o Salvador.

Porque, Israel infeliz, nem podes entender a verdadeira posição de teus passos.

Mal sabes que o Pregoeiro já veio e já iniciou a grande jornada de preparação. Não podes vê-lo entre a multidão, porque ele se esconde num insulamento abençoado do deserto*, onde é procurado por corações desejosos de renovar seus roteiros.

Não podes reconhecê-lo dentre os que te falam das esperanças eternas que Deus semeou em tuas leiras, no curso dos milênios, porque não distingues um côvado de um estádio.

Está próximo o dia em que a Voz se calará sem ocupar a cadeira vazia, que lhe pertence por direitos divinos.

Desperta, Israel, para a grande realidade porque já se contam pelos dedos das mãos os anos que te separam da Grande Luz!

A essa altura, o arqui-sinagogo levantou-se e abandonou o recinto, no que foi acompanhado pelos demais membros da sinagoga.

Os assistentes conservaram-se sentados, entreolhando-se significativamente, na previsão de algum choque entre as autoridades sinagogais e o moço desconhecido, o que, por certo, trazia momentos de sensação à rotina da pequena cidade.

Os companheiros de Marcos, porém, não escondiam a apreensão ante o acontecimento.

Josafá, que observava atentamente a rancorosa Lídia, viu-a sair apressadamente, após haver falado ao chazzan. Este voltara ao salão do culto e conduziu Marcos para o interior do prédio.

Sabiam todos o que significava a situação. As mulheres levantaram-se pesarosas, pois a Lei não lhes permitia a presença na sinagoga, quando havia casos jurídicos a resolver.

Os companheiros guardavam silêncio, orando, com a alma partida por amargurante pressentimento.

Levado à presença de sete homens circunspectos, que representavam a magistratura em nome do Sinédrio, onde dois levitas faziam parte e o arqui-sinagogo, Marcos conservava a compostura habitual. Ele compreendera que seu destino estava selado. Aqueles olhares frios, habituados à indiferença no cumprimento da Lei, diziam tudo.

Sereno e digno, o moço postou-se à frente dos magistrados.

A uma voz, o grupo pronunciou a sentença inicial:

– Receberás os quarenta açoites da ignomínia!

Marcos achava-se preparado para defender-se. Mas diante de juízes insensatos, que nem se davam ao trabalho de um exame ao caso, silenciou.

O arqui-sinagogo observou com voz áspera:

– Não te justificas porque bem conheces a procedência de nossa atitude, na defesa dos sagrados postulados da Lei. Quaisquer tentativas nesse sentido seriam inúteis, pois não fazemos mais que cumprir ordens superiores...

O sumo sacerdote – continuou o genesiarca com triunfal sorriso – dirigiu um aviso a esta casa de orações, recomendando-nos aprestássemos o processo condenatório, no caso de reincidência. Mais dia, menos dia, cairias em mãos justiceiras, pois o aviso foi encaminhado a todas as sinagogas da Galileia...

Àquela altura, um dos membros sinagogais observou:

– O jovem parece romano e nesse caso teremos sérias complicações pela frente.

O arqui-sinagogo retorquiu, vivaz:

– Tudo está previsto. Faremos cumprir o artigo da Lei que manda se dê morte secreta aos transgressores dos Arcanos. Este moço – lembrai-vos – infringiu a disciplina dos Arcanos, desde Jerusalém. Preciso é considerar a grande ameaça que este insolente amotinador representa para nossa causa sagrada. Fechemos-lhe a boca para sempre a fim de castigar-lhe a insolência.

Além de tudo – concluiu com terrível acento – acabamos

de receber a denúncia de uma pobre mulher de nome Lídia, cuja filhinha foi morta por nosso acusado, no sul da Judeia.

No recolhimento humilde do coração, o jovem evocava as ocorrências da excursão, toda pontilhada de acontecimentos inesquecíveis.

Durante meses, em cada cidade ou lugarejo, encontravam companheiros em trânsito, aos quais se reuniam na tarefa fraternista. Desde Laquis com escala em Belém, Jerusalém, Emaús, Lida, Rama até o Carmelo, em cujas faldas Lisandro fora sepultado pelo generoso pastor do caminho.

Veio depois o breve roteiro da Samaria, desde Antipatris e Siquem até o Monte Gilboa – limite com a Galileia.

Na antiga tribo de Efraim, onde o grupo foi recebido com simpatia, algumas pessoas afirmavam que ouviram ensinamentos de muita sabedoria, através de um jovem chamado João, que em companhia da mãe, pregava lições novas no deserto. Boa gente, bem acessível à palavra iluminada dos componentes da Grande Aliança do Amor, receberam a nova mensagem com entusiasmo sincero embora necessitassem de tempo mais dilatado para consolidar conhecimentos.

Quanto aos companheiros de ideal, abraçaram as lutas da nova ordem com o ardor da primeira hora. O programa lhes parecera o mais luminoso de quantos haviam realizado. No norte, homens libertos de quaisquer arestas de egoísmo, aceitaram, sem relutância, as restrições impostas ao Código da seita.

O coração de Marcos rejubilava-se a cada triunfo, em nome da Grande Estrela.

O plano desenvolvido em várias localidades, nas Tetrarquias de Herodes Antipas e de Felipe, incluindo-se povoações e campos, em dois anos de serviço constante, trouxera frutos valiosos.

No silêncio das tendas, armadas longe do bulício das cidades, nas searas verdejantes ou nos campos perfumados, Marcos e Joel continuavam o registro de textos em rolos, que a inspiração lhes proporcionava, bem como efetuavam emendas no Manual da

Disciplina, baseadas nas orientações da Grande Estrela, que deveria reger os regulamentos essênios do Norte e do Sul.

O moço sonhava, absorto nas evocações queridas, quando lhe tocaram brutalmente nas espáduas. Eram os próprios magistrados, que se encarregaram de recolher o detido ao pátio interno da sinagoga.

Todo resolvido. O chazzan efetuaria as chibatadas impostas aos blasfemadores, no dia seguinte.

Guardado por dois homens do serviço de segurança do templo, o condenado deveria passar a noite ao relento, aguardando o momento do castigo que fora rudemente anunciado pelo arqui-sinagogo.

*

Enquanto se passava a dolorosa ocorrência, os compa-nheiros de Marcos mantinham-se a regular distância do local.

A tarefa impunha-se com os rigores da continuidade a fim de que não viesse a ser ameaçada de paralisação.

Mas, como deixar o companheiro?

A situação era constrangedora e abalara o ânimo de alguns, não obstante os compromissos assumidos. Os mesmos faziam parte do grupo do norte.

A vida até ali lhes parecera serena como as brisas do vale florescido do Jordão. Respeitados pelas autoridades sinagogais e amados pelas massas sofredoras, assinalados pela bondade humilde, viviam essencialmente para os cometimentos sublimes da seita.

Todavia, não ajuizavam ainda de que o Advento da Grande Estrela marcaria os passos dos precursores com o selo do sacrifício.

A presença da Grande Estrela no povoado da Chácara das Flores trouxera à comunidade do sul o doce aceno da Misericórdia Divina, brando e suave, que deveria derrubar os montes da discórdia e dulcificar os corações como o mel silvestre do Carmelo.

Contudo, a realidade era outra. Os irmãos abalaram-se em sacrificial jornada, padecendo os conflitos da incompreensão, sofrendo o látego da injustiça, como acontecia a Marcos...

Que lhes reservaria o futuro? Os do sul, pelo menos não possuíam os encargos de família e podiam entregar-se ao desconhecido, em favor da Grande Causa.

O mesmo, porém, não sucedia aos iniciados do norte, cuja organização permitia o instituto da família. Quase todos eram casados com esposa e filhos para manter...

O problema era muito complexo, resultando, do primeiro acerto, a deliberação tendente ao recolhimento, no silêncio. Permaneceriam nos lares, trabalhando e servindo como dantes, mas não se exporiam a inevitáveis contratempos da jornada.

Josafá e os companheiros sulinos não escondiam o íntimo desapontamento. Justo no momento em que os grupos deviam estar mais coesos é que alguns corações mostravam surpreendente pusilanimidade.

A tarefa iniciante necessitava de longanimidade para que fosse conduzida com êxito. O fiel servidor não esmorece ante as primeiras tempestades – admitiam os corajosos representantes da Vontade Divina, no amaino do terreno para o Salvador.

A palavra de alguns essênios vibravam na consciência mais sensível de outros, ao ponto de levá-los à íntima edificação.

De repente, Joel recebe cristalina cascata inspirativa de fonte superior e imediatamente despeja-a nos corações dos companheiros:

– Que representa para nós o escasso esforço de alguns anos, em face da grandiosa Missão d'Ele?

Nossos pequeninos serviços são apenas gotas d'água que molham a adusta gleba, que o Salvador há de fertilizar para as colheitas do futuro.

Não busquemos, assim, frutos imediatos, quando apenas

iniciamos o trabalho de carpir e arar a terra, que em muitos pontos não aceitará o labor recebido.

Será desse modo até que os instrumentos da dor venham destruir as ervas daninhas, que dominam parasitariamente as plantas nascidas do chão trabalhado pelo amor de alguns, no correr dos séculos.

Que a enxada do ideal não nos caia das mãos, mesmo quando estas estiverem ensanguentadas e feridas.

Além de tudo, companheiros, pouco tempo nos separa da chegada da Grande Luz para o seio das multidões, a fim de entregar às almas a mensagem sublime de Sua Divina Missão.

Que será de nossas consciências se Ele nos encontrar como desertores infiéis, servos incapacitados para o compromisso assumido?

Caminheiros da nova ordem, sigamos, iluminando nossos passos com a esperança, que nos há de sustentar na jornada.

Não nos desesperemos, em face da incompreensão, que nos possa roubar o valoroso Marcos.

A ideia compungia os corações, mas novo alento fortalecia os ânimos. Sabiam que o companheiro não os abandonaria, mesmo sem a roupagem de carne. Acreditavam na sobrevivência do Espírito.

Prosseguir na luta, trabalhar pelo ideal – eis a suprema obrigação. Jamais estariam desamparados.

*

A ossada humana insepulta aparecia na valeta extensa, cavada ao longo do campo luxuriante, na vertente de uma colina, próxima ao Tabor.

Conduzido ao local, uma semana após a flagelação recebida cruelmente na sinagoga, Marcos não ignorava o que lhe estava reservado.

Amarrado brutalmente ao galho de uma árvore, o corpo suspenso, balouçante, sobre o fosso cheio de feixes secos, que logo começaram a arder.

Em pouco, chamas comburentes lambiam o rosto jovem do condenado, queimando-lhe os olhos e incendiando-lhe a cabeleira.

A operação realizava-se sob ameaças e impropérios por numerosos membros da sinagoga.

— Morra de morte, blasfemo!

A alma valorosa de Marcos, amparada por sublime Amor à Causa abraçada, rendia-se sem uma queixa.

— Por que não te lamentas, infeliz? Antes sabias praguejar! Por que não o fazes agora?

Marcos já não ouvia os insultos. Porque um coro angélico envolveu-o de dulcíficas vibrações e uma voz muito amada lhe penetrou o mais íntimo do ser, desagregando-lhe, com abençoada suavidade, os laços de dor:

— Marcos, meu filho!

Era Lisandro, que o tomava nos braços paternais embalando-o com amorosa solicitude:

— Vem, filho... descansa.

E como um derradeiro pensamento de pesar relampejasse no Espírito do jovem por deixar tão cedo a obra de salvação, o ancião tornou carinhosamente:

— Retornaremos breve, tu e eu, ao cenário terreno a fim de recomeçar a tarefa interrompida...

O moço sorriu, nos braços amigos, enquanto ao fundo a imagem de luz de outro Jovem também esboçava leve sorriso de aplauso.

Em torno, um cortejo celeste entoava hinos, recepcionando o humilde mensageiro da Grande Estrela.

Era o primeiro Mártir da Nova Aliança do Amor, firmada na presença do Grande Esperado.

*

No povoado nascente do sul da Judeia, naquele dia, um coração sensível de mulher – rudemente tomado por terríveis pressentimentos –, perdia-se num oceano de saudades angustiantes.

O pensamento, ligado às duas criaturas que mais amava no mundo, buscava vencer as distâncias e sentir junto a si o seu menino e o inesquecido Mensageiro essênio.

Copiosas lágrimas inundavam os belos olhos da moça ao peso da constringente dor, que lhe amarfanhava o peito. Era Ruth.

Parecia-lhe que lhe partiam todas as fibras do coração – uma a uma.

– Que fizeram de ti, meu menino? – gemia a pobre moça. – E Josafá? Que lhe estaria acontecendo?

As horas corriam na ampulheta do tempo, guardando aquela dor que parecia irremediável.

Nas evocações singelas do seu menino acorreram as carinhosas advertências dele, no sentido de conduzir a alma da servidora ao Pai pelos fios da oração.

Pouco a pouco, sentiu-se envolta em suave atmosfera balsamisante e, pela primeira vez, vira-se arrebatada por poderosas e ignoradas forças, à uma ofuscante estação de calmaria, onde pôde ver Marcos amparado por Lisandro.

Até ela chegava sublime mensagem, inundando-lhe o ser de íntimas esperanças. Um coro celeste de inenarrável beleza enchia o espaço luminoso:

> Por teu Divino Amor
> Saberemos esperar, Senhor!
> Na bênção do labor de cada dia,
> Na luz do bom ânimo, venceremos a dor,
> Conquistaremos a eterna alegria,
> Esperaremos por ti, Senhor!

Notas

1 Naquela época, o Mar Mediterrâneo era assim chamado.

2 Estádio – antiga unidade de medida itinerária, equivalente a 125 passos, ou seja, 206,25 m. (Novo Dicionário da Língua Portuguesa, Aurélio B. H. Ferreira)

3 Segundo o relato bíblico (Livro de Ester – Velho Testamento), a jovem judia Ester, filha de Abiail, casou-se com o poderoso rei Assuero e salvou Israel da exterminação progra-mada por Hamã.

4 Caio Júlio César Otávio (63 a.C. - 14 d.C.), conhecido primeiro com o nome de Otávio, ao receber o título de Augusto, iniciou a era dos imperadores romanos. Na sua administração, sob todos os aspectos, o Império Romano alcançou o maior esplendor. Assim, merecidamente, a sua época recebeu o seu próprio nome: século de Augusto.

5 O mar Morto é um grande lago, de 82 x 18 km, com profundidade de até 360 m, onde afluem as águas de vários rios, especialmente do Jordão. Ele recebeu esse nome pelo fato de não ter peixes, pois a sua salinidade, de 25%, que é a mais alta do mundo, não permite a presença de qualquer espécie de vida. Hoje, as suas margens estão em terras da Jordânia, Israel e Cisjordânia.

6 Os essênios (o termo vem de hassidim = "piedosos", que derivou para essenói em grego e esseni em latim) constituíam uma seita judaica, do tipo monástica, existente, segundo Flávio Josefo, desde o ano 150 a.C. Possuíam seus próprios livros sagrados e comunidades em vários pontos da Palestina, sempre longe das cidades, onde dedicavam-se principalmente à agricultura. Usavam vestes sempre brancas. Rejeitavam o sacrifício dos animais. Algumas organizações essênias permitiam o casamento

de seus integrantes. Acreditavam na ressurreição e na imortalidade da alma, com castigos ou recompensas futuras. Tinham confiança absoluta na providência de Deus. A conduta dos essênios se assemelhava à dos primeiros cristãos, revelando grande amor a Deus e aos semelhantes, pautando uma vida virtuosa, austera e metódica. Viviam em estreita união, usufruindo seus bens em comum, com uma igualdade admirável, nada vendendo nem comprando entre si. Flávio Josefo chega a afirmar que a virtude dos essênios "é tão admirável que supera de muito a de todos os gregos e os de outras nações, porque eles fazem disso todo o seu empenho e preocupação, e a ela se aplicam continuamente." (História dos Hebreus, Ed. das Américas, S. Paulo, SP, Vol. 5, p. 262.)

7 O célebre historiador Flávio Josefo (Jerusalém, 37 d.C. – Roma, 100), em sua obra História dos Hebreus, Vol. 7, p. 48, assim destaca o hábito do silêncio nas comunidades essênias: "Jamais se ouve barulho em suas casas; nunca se vê a menor perturbação, cada qual fala por sua vez e sua posição e seu silêncio causam respeito aos estrangeiros. Tão grande moderação é efeito de sua contínua sobriedade; não comem nem bebem, mais do que é necessário para a sustentação da vida."

8 Na atualidade, os essênios têm sido lembrados, pois são considerados os autores dos famosos Manuscritos do Mar Morto, encontrados em onze cavernas, entre 1947 e 1956, na região de Qumran, costa noroeste do Mar Morto. Esses manuscritos, gravados em tinta sobre pele de carneiro, representam a maior descoberta arqueológica de todos os tempos e a relíquia religiosa mais convincente, datados pelo método científico do carbono 14, a maioria deles feita nas décadas imediatamente anteriores à era cristã e alguns, poucos anos depois da crucificação de Cristo.

"Por décadas os manuscritos iluminaram o entendimento dos textos bíblicos, dos primórdios da cultura judaica e da vida da Palestina, mas a parte mais instigante de sua existência é mesmo a possível vinculação que eles podem um dia estabelecer entre Cristo e os essênios e, portanto, com o judaísmo. (...) milhares de pesquisadores em todo o mundo estão pressionando seus detentores para abri-los ao estudo público. (...) 'quase um terço dos cerca de 1.000 rolos dos manuscritos, três décadas depois de sua descoberta, não tenha sido ainda revelado.' (...) A data estipulada originalmente para a revelação dos rolos restantes dos manuscritos era 1970. Recentemente os exegetas decidiram que a data deve ficar adiada para 1997." (Da reportagem "Labirintos da Fé", revista Veja, Editora Abril, São Paulo, SP, Edição 1095, 06/9/1989, p. 66-70) Entre os "rolos do Mar Morto" figuram, entre muitos, os seguintes textos hebraicos desconhecidos até a descoberta dos mesmos: o Manual da Disciplina, os Salmos de Ação de Graças, a Guerra dos filhos da Luz contra os filhos das Trevas.

Pela localização desse povoado essênio, para onde se dirigiu Marcos, ele ficava ao sul do mosteiro essênio de Qumran, cujas ruínas foram descobertas próximas das referidas cavernas, ambos na margem direita do Mar Morto.

9 O Forum Romanum, a mais antiga praça pública de Roma, era o grande centro cívico, religioso e cultural da cidade.

10 Os hebreus se serviam de calendários lunares.

11 Flávio Josefo também se atentou para os dons mediúnicos dos essênios, ao registrar: "Há entre eles alguns que se vangloriam de conhecer as coisas futuras, quer pelos estudos nos livros santos e nas antigas profecias, quer pelo cuidado que têm de se santificar; acontece raramente que eles se enganam em suas predições." (História dos Hebreus, Vol. 7, p. 53.) E ao revelar a causa do bom tratamento que Herodes dispensava aos essênios, anotou: "Um essênio, de nome Manahem, que levava vida mui virtuosa e era louvado por todos e tinha recebido de Deus o dom de predizer as coisas futuras, vendo Herodes ainda bastante jovem, estudar com crianças de sua idade, disse-lhe que ele reinaria sobre os judeus. (...) Eu não duvido de que isto, para muitos, pareça inacreditável; no entretanto, julguei dever relatá-lo, porque há vários dessa seita, aos quais Deus se digna revelar os seus segredos por causa da santidade de sua vida." (Vol. 5, p. 43)

12 Na atualidade, o Muro das Lamentações, de Jerusalém, é considerado o último vestígio do Templo de Herodes, destruído pelos romanos em 70 d.C.

13 Seguindo o sistema romano, os judeus dividiam o dia em 12 horas diurnas e 12 noturnas. Assim, a hora terceira, anunciada pelo sol, correspondia a 9 horas da convenção atual.

14 O método científico de investigação do cosmos nasceu na Grécia, alguns séculos antes de Cristo.

15 A ação caritativa dos essênios, bem como o interesse deles pela terapêutica, são assim enfocados por Flávio Josefo em sua História dos Hebreus: "Não lhes é permitido fazer alguma coisa a não ser com a anuência de seus superiores, exceto ajudar os pobres sem que qualquer outra razão os leve a isso, que a compaixão pelos infelizes. (...) Estudam com cuidado os escritos dos antigos, principalmente no que se refere às coisas úteis à alma e ao corpo, e adquirem grande conhecimento dos

remédios próprios para curar as doenças e a virtude das plantas, das pedras e dos metais." (Vol. 7, p. 48)

16 Entendemos que nesse episódio o Adolescente se deslocou ou foi conduzido de onde estava até à caravana dos essênios, graças a um fenômeno de translação aérea, conhecido como "fenômeno de transporte". (Ver Ezequiel, 3:14 e 15; Atos, 8:39 e 40; e O Livro dos Médiuns, Kardec, q. 189.) E quanto às radiações luminosas, recordemos a conversão de Saulo no caminho de Damasco, quando "subitamente o cercou um resplendor de luz do céu" (Atos, 9:3) e a transfiguração do monte Tabor, quando "seu rosto resplandeceu como o sol, e os seus vestidos se tornaram brancos como a luz". (Mateus, 17:2)

17 Raboni – título honorífico entre os judeus que significa mestre. (Lello Universal)

18 O rigor dos códigos da seita para com os seus adeptos foi assim descrito por Flávio Josefo: "Tais as promessas que são obrigados a fazer todos os que querem abraçar a sua maneira de viver, e a fazê-lo solenemente a fim de fortalecer a virtude contra os vícios. Se contra elas cometerem faltas graves, são afastados de sua companhia e a maior parte dos que são assim rejeitados, morre miseravelmente, porque, não lhes sendo permitido comer com os estrangeiros, são obrigados a comer erva como os animais e chegam a morrer de fome; por isso, às vezes, a compaixão que se tem de sua extrema miséria, faz que sejam perdoados." (História dos Hebreus, Vol. 7, p. 50.)

19 De fato, "a queda de Jerusalém, no ano 70 d.C., provocou o fim da seita. Como judeus, os essênios foram exterminados pelos romanos e, na medida em que reprovavam as guerras, sofreram a perseguição dos judeus revolucionários. Contudo, alguns documentos de Qumran, de inspiração bélica, permitem concluir que nem todos os essênios permaneceram fiéis ao ideal de não-violência, quando começou a guerra judaica. Muitos deles, inflamados pela exaltação messiânica do momento, acreditaram que o dia de Javé chegara e juntaram-se aos zelotas na insurreição." (As Grandes Religiões, Abril Cultural, S. Paulo, SP, Vol. I, p. 70.)

20 A curta e proveitosa convivência do Cristo com os essênios, aqui narrada, confirma as observações de Allan Kardec e Emmanuel, que transcreveremos a seguir: "Seu gênero de vida (dos essênios) se aproximava ao dos primeiros cristãos, e os princípios de moral que professavam fizeram algumas pessoas pensarem que Jesus fez parte dessa seita antes do início de sua missão pública. O que é certo, é que ele deve tê-la conhecido, mas nada prova que a ela se filiou, e tudo o que se

escreveu a esse respeito é hipotético." (Kardec, O Evangelho Segundo o Espiritismo, IDE, p. 23) "O Cristo e os Essênios Muitos séculos depois da sua exemplificação incompreendida, há quem o veja entre os essênios, aprendendo as suas doutrinas, antes do seu messianismo de amor e de redenção. As próprias esferas mais próximas da Terra, que pela força das circunstâncias se acercam mais das controvérsias dos homens que do sincero aprendizado dos espíritos estudiosos e desprendidos do orbe, refletem as opiniões contraditórias da Humanidade, a respeito do Salvador de todas as criaturas. O Mestre, porém, não obstante a elevada cultura das escolas essênias, não necessitou da sua contribuição. Desde os seus primeiros dias na Terra, mostrou-se tal qual era, com a superioridade que o planeta lhe conheceu desde os tempos longínquos do princípio." (Emmanuel, Francisco C. Xavier, A Caminho da Luz, FEB, Cap. XII.)

21 Inclusive os essênios, que adotavam o celibato, cuidavam das "crianças que lhes eram dadas para instruírem e educá-las na virtude, com tanto cuidado e caridade, como se fossem seus pais." (Flávio Josefo, História dos Hebreus, Vol. 7, p. 46.)

22 Esta explicação de Lisandro permite-nos entender porque eles não procuraram os irmãos de seita do mosteiro de Qmram, que se situava naquelas proximidades. As suas ruínas, hoje muito visitadas, revelam que o mosteiro era relativamente suntuoso, apresentando, inclusive, um "esconderijo dos tesouros do mosteiro". (Revista Veja, 06/9/89, p. 68.)

23 Os Manuscritos do Mar Morto, redigidos pela comunidade de Qmran (considerada pela maioria dos pesquisadores como essênia), revelam que eles "sabiam que já em vida estavam em comunhão com os seres celestes, os anjos." [Os Partidos Religiosos Hebraicos da Época Neotestamentária (Die judischen Religionspartein in neutestamentlicher Zeit, 1970), Kurt Schubert, Ed. Paulinas, S. Paulo, SP, 2ª edição, 1985, cap. 5.]

24 Sião, uma das colinas de Jerusalém, é, muitas vezes, tomada como sinônimo de Jerusalém.

25 Clara referência à reencarnação.

26 A contribuição dos essênios para a aceitação, em terras da Palestina, da divina mensagem da Boa Nova – mesmo não considerando a nova fase deles junto ao povo, após os esclarecimentos pessoais do Adolescente, conforme relatos desta obra, a partir do capítulo 37 –, não passou despercebida do estudioso Mr. Hall, conforme atesta seu artigo publicado na revista American Quarterly (Nova York, 1847, pp. 162-173),

intitulado The Biblical Repository, transcrito parcialmente por Christian D. Ginsburg, em seu livro Os Essênios - Sua História e Doutrinas (Ed. Pensamento, S. Paulo, SP, 2ª ed., 1988, p. 86, trad. do original The Essenes - Their History and Doctrines), que considerou as reflexões de Mr. Hall como "justas, sensatas e sinceras". Dessa transcrição, destacaremos dois trechos: "Esses judeus ascéticos fazem jus ao respeito da humanidade pela luz que proporcionaram numa era obscura. Admiramos a humanidade e a justiça dos seus princípios; sua desaprovação da guerra e da escravidão em meio a um mundo de maldade, e o exemplo nobre de diligência, frugalidade e moderação nas coisas desta vida que eles colocaram antes de qualquer outra coisa. Honramos suas tentativas honestas de combinar a vita contemplativa com a vita activa – para fugir à escravidão dos sentidos, para manter a supremacia do espírito e para se unirem ao Altíssimo. (...) Eles exerceram em sua época uma influência que ajudou a preparar o caminho para o Cristo. A consciência falou e foi falada através deles; e o agonizante sentido da virtude manteve-se vivo. Assim, eles foram estrelas que emitiram uma luz humilde e útil antes, mas que esmaeceu e se tornou invisível depois, com a chegada do Sol da Justiça."

27   Conta-nos Flávio Josefo que os essênios "preferem a morte à vida, quando o motivo é honroso. A guerra que travamos contra os romanos fez ver de mil modos que sua coragem é invencível. Eles sofreram o ferro e o fogo, tiveram quebrados todos os ossos, mas não disseram uma palavra contra seu legislador, nem comeram os alimentos que lhes eram proibidos, nem no meio de tantos tormentos, derramaram uma única lágrima, nem disseram uma palavra para abrandar a crueldade dos carrascos. Ao contrário, zombavam deles, sorriam e morriam alegremente, porque esperavam passar desta vida para a melhor e acreditavam firmemente, que, como nosso corpo é mortal e corruptível e nossas almas, imortais e incorruptíveis, de uma substância aérea, muito sutil, encerrada no corpo, como numa prisão, onde uma inclinação natural as atrai e retém, mas apenas se veem livres destes laços carnais, que as prendem em dura escravidão, elevam-se ao ar e voam com alegria." (História dos Hebreus, Vol. 7, p. 51-52.)

idelivraria.com.br

Pratique o "Evangelho no Lar"

Aponte a câmera do celular e faça download do roteiro do
Evangelho no lar

Ide editora é nome fantasia do Instituto de Difusão Espírita, entidade sem fins lucrativos.

📷 ideeditora   f ide.editora   🐦 ideeditora

◀◀ DISTRIBUIÇÃO EXCLUSIVA ▶▶

📍
Av. Porto Ferreira, 1031 | Parque Iracema
CEP 15809-020 | Catanduva-SP
📞 17 3531.4444   💬 17 99257.5523

| 📷 boanovaed
| ▶ boanovaeditora
| f boanovaed
| 🌐 www.boanova.net
| ✉ boanova@boanova.net

Fale pelo whatsapp

Acesse nossa loja